21 donne ispiratrici

Le vite di donne coraggiose e influenti del 20° secolo: Kamala Harris, Madre Teresa e altre (libro biografico per ragazzi e adulti)

Da Student Press Books

Tabella dei contenuti

Tabella dei contenuti..2

Introduzione..4

Il tuo regalo..5

Benazir Bhutto (1953-2007) 6

Betty Friedan (1921-2006) 9

Grace Hopper (1906-1992)..13

Margaret Thatcher (1925-2013)...16

Kamala Harris (nato nel 1964)..20

Serena Williams (nata nel 1981) 24

Sally Ride (1951-2012) 28

Audrey Hepburn (1929-1993) 31

Shirin Ebadi (nata nel 1947) 35

Wilma Rudolph (1940-1994) 38

Gloria Steinem (nata nel 1934) 41

Vigdís Finnbogadóttir (nato nel 1930) 44

Sandra Day O'Connor (nata nel 1930) 47

Althea Gibson (1927-2003) 50

Yingluck Shinawatra (nata nel 1967) 54

Gertrude B. Elion (1918-1999) 58

Katharine Graham (1917-2001) 61

Babe Didrikson Zaharias (1911-1956) 65

Madre Teresa (1910-1997) 68

Angela Merkel (nata nel 1954) 72

Tsai Ing-wen (nato nel 1956) 78

Il tuo regalo 82

Libri 83

Conclusione 89

Introduzione

Incontra le donne più influenti del 20° Secolo - biografie per ragazzi/e dai 12 anni in su.

Benvenuti nella serie dedicata all'Empowerment femminile. Questo libro ti presenta le impavide icone femminili del 20° secolo. In 21 Donne ispiratricitroverai le entusiasmanti biografie delle pioniere da tutto il mondo.

Queste donne contribuiscono a portare avanti l'eredità lasciataci dalle donne impavide e influenti che prima di loro hanno esercitato liberamente la loro identità, le loro idee, la loro testardaggine, la loro intelligenza e il loro coraggio!

21 personalità audaci si trovano fianco a fianco su ogni pagina: Benazir Bhutto, Betty Friedan, Grace Hopper, Maya Angelou, Kamala Harris, Serena Williams, Sally Ride, Audrey Hepburn, Wangari Maathai, Wilma Rudolph, Gloria Steinem, Toni Morrison, Sandra Day O'connor, Althea Gibson, Yingluck Shinawatra, Gertrude B. Elion, Fannie Lou Hamer, Babe Didrikson Zaharias, Madre Teresa, Angela Merkel e Tsai Ing-wen. Queste sono 21 donne senza paura che hanno sfidato il proprio destino!

Questo libro della serie Empowerment femminile comprende:

- Biografie affascinanti - Lasciati ispirare dalle storie di donne famose e autorevoli.
- Ritratti vivaci - Fai rivivere queste donne nella tua immaginazione con l'aiuto di foto e illustrazioni avvincenti.

Sulla serie: La **serie Empowerment femminile** di Student Press Books presenta nuove prospettive sull'**argomento** che ispireranno i/le giovani lettori/lettrici a considerare il loro posto in una società sempre più diversificata. Chi sarà la tua prossima fonte di ispirazione?

21 Donne ispiratrici si spinge ben oltre gli altri libri biografici sull'empowerment femminile per evidenziare temi e personaggi da tutto il mondo e da diverse epoche. È anche un ottimo regalo per figlie, sorelle o nipoti.

Il tuo regalo

Hai un libro nelle tue mani.

Non è un libro qualsiasi, è un libro della Student Press Books! Scriviamo di eroi neri, donne che danno potere, mitologia, filosofia, storia e altri argomenti interessanti!

Dato che hai comprato un libro, vogliamo che tu ne abbia un altro gratis.

Tutto ciò di cui hai bisogno è un indirizzo e-mail e la possibilità di iscriverti alla nostra newsletter (il che significa che puoi cancellarti in qualsiasi momento).

Allora, cosa stai aspettando? Iscriviti oggi e richiedi il tuo libro gratis all'istante! Tutto quello che devi fare è visitare il link qui sotto e inserire il tuo indirizzo e-mail. Ti verrà inviato il link per scaricare subito la versione PDF del libro in modo da poterlo leggere offline in qualsiasi momento.

E non preoccupatevi - non ci sono fregature o costi nascosti; solo un buon vecchio omaggio da parte nostra qui a Student Press Books.

Visita subito questo link e iscriviti per ricevere la tua copia gratuita di uno dei nostri libri!

Link: https://campsite.bio/studentpressbooks

Benazir Bhutto (1953-2007)

Ex primo ministro del Pakistan

La prima donna a raggiungere la leadership politica di un paese musulmano nei tempi moderni fu Benazir Bhutto. Nel 1988 fu nominata primo ministro del Pakistan per succedere al generale Mohammad Zia ul-Haq, l'uomo che aveva tolto la carica a suo padre e ne aveva ordinato l'esecuzione. Benazir Bhutto ha servito due mandati come primo ministro, nel 1988-1990 e nel 1993-1996.

Benazir Bhutto è nata il 21 giugno 1953 a Karachi. Bhutto ha studiato all'estero, laureandosi all'Università di Harvard, negli Stati Uniti, nel 1973 e all'Università di Oxford, in Inghilterra, nel 1977. Suo padre, Zulfikar Ali Bhutto, aveva guidato il Pakistan dal 1971, prima come presidente e poi come primo ministro, e lei lo accompagnava spesso nei suoi viaggi ufficiali. Nel luglio 1977 il suo governo fu rovesciato in una rivolta guidata da Zia. Suo padre fu imprigionato e poi impiccato nel 1979. Divenne quindi il capo titolare del partito politico di suo padre, il Pakistan People's Party (PPP).

Per i cinque anni successivi Benazir Bhutto fu tenuta in prigione o agli arresti domiciliari. Zia la mandò in esilio a Londra nel 1984. Dopo che Zia ha revocato la legge marziale, è tornata a casa in un'accoglienza trionfale nel 1986 ed è diventata la figura più importante contro il suo governo.

Dopo che Zia morì in circostanze misteriose in un incidente aereo nell'agosto 1988, si tennero libere elezioni. Bhutto guidò il PPP alla vittoria e divenne primo ministro di un governo di coalizione nel dicembre 1988. Non fu in grado, tuttavia, di fare molto per combattere la diffusa povertà del Pakistan e la crescente criminalità. Nell'agosto 1990 il presidente del paese, Ghulam Ishaq Khan, destituì il suo governo con l'accusa di corruzione.

Il suo partito fu sconfitto nelle elezioni successive, e Benazir Bhutto divenne il leader dell'opposizione nel parlamento pakistano. Nelle elezioni dell'ottobre 1993, il suo partito vinse una pluralità e Bhutto divenne nuovamente primo ministro di un governo di coalizione. Sotto nuove accuse di corruzione e cattiva gestione economica, tuttavia, il governo di Bhutto fu destituito nel 1996 dal presidente Farooq Leghari.

Bhutto andò in esilio autoimposto nel 1999 mentre era ancora accusata di corruzione. Nel frattempo, il gen. Pervez Musharraf prese il potere e divenne presidente. Nel 2007 ha finalmente concesso alla Bhutto l'amnistia per le accuse di corruzione, e lei è tornata in Pakistan nell'ottobre dello stesso anno.

Benazir Bhutto è stata assassinata a Rawalpindi il 27 dicembre 2007, mentre faceva campagna per le prossime elezioni nazionali. Suo marito, Asif Ali Zardari, ha preso il comando del PPP.

L'autobiografia della Bhutto, *Daughter of the East*, fu pubblicata nel 1988. (È stata anche pubblicata con il titolo *Figlia del destino* nel 1989.) Il suo libro *Riconciliazione: Islam, Democrazia e Occidente* è stato pubblicato dopo la sua morte, nel 2008.

In evidenza

- Benazir Bhutto è un politico pakistano che divenne la prima donna leader di una nazione musulmana nella storia moderna. Ha servito due mandati come primo ministro del Pakistan, nel 1988-1990 e nel 1993-1996.
- Dopo l'esecuzione del padre nel 1979 durante il governo del dittatore militare Mohammad Zia-ul-Haq, Bhutto divenne il capo titolare del partito del padre, il Pakistan People's Party (PPP), e sopportò frequenti arresti domiciliari dal 1979 al 1984.
- Legalmente separato e libero dalle restrizioni imposte al PPP dalla leadership della Bhutto, il PPPP ha partecipato alle elezioni del 2002, nelle quali ha ottenuto un forte voto. Tuttavia, le condizioni della Bhutto per collaborare con il governo militare - che tutte le accuse contro di lei e contro suo marito fossero ritirate - continuarono ad essere negate.

Domande di ricerca

---

1. Quali sono i tuoi supereroi femminili preferiti e perché?
2. Come cambierebbero le cose se il femminismo non fosse ancora stato inventato oggi?
3. Chi è la sua icona femminista preferita?

Betty Friedan (1921-2006)

Scrittrice e attivista femminista americana

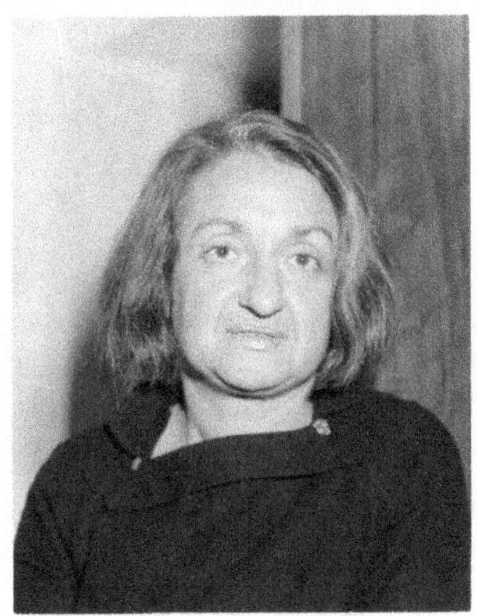

L'autrice e femminista statunitense Betty Friedan era meglio conosciuta
per il suo libro The Feminine Mystique (1963), che sfidava i ruoli
tradizionali delle donne. Nel 1966 ha cofondato la National Organization
for Women (NOW), un gruppo per i diritti civili dedicato al
raggiungimento delle pari opportunità per le donne.

Bettye Naomi Goldstein è nata il 4 febbraio 1921 a Peoria, Ill. Nel 1942 si è
laureata in psicologia allo Smith College. Ha trascorso un anno per un
lavoro di laurea presso l'Università della California a Berkeley e poi si è
trasferita a New York City. Dopo aver svolto vari lavori fino al 1947, ha
sposato Carl Friedan (divorziato nel 1969). Per i successivi 10 anni visse

come casalinga e madre nei sobborghi di New York mentre lavorava come freelance per diverse riviste.

Nel 1957 **Betty Friedan** fece circolare un sondaggio tra i suoi compagni di Smith e scoprì che molti di loro erano, come lei, insoddisfatti della loro vita. Per approfondire la sua ricerca, iniziò un ampio studio sull'argomento, includendo questionari più dettagliati, interviste e discussioni con psicologi e altri esperti di comportamento. Alla fine pubblicò le sue scoperte nel suo libro di riferimento del 1963, *The Feminine Mystique*.

The Feminine Mystique fu un best seller immediato e controverso e fu tradotto in diverse lingue straniere. Il suo titolo deriva da un termine usato da Friedan per descrivere un sentimento di mancanza di valore personale che risulta quando una donna accetta un ruolo designato che le richiede di essere intellettualmente, economicamente ed emotivamente dipendente dal marito.

La tesi principale di **Betty** Friedan era che le donne erano soggette a un sistema diffuso di illusioni e falsi valori in base al quale erano incoraggiate a trovare appagamento, persino identità, vicariamente attraverso i mariti e i figli a cui ci si aspettava che dedicassero allegramente le loro vite. Questo ruolo ristretto di moglie-madre portava quasi inevitabilmente a un senso di irrealtà o di mancanza di benessere spirituale generale in assenza di un lavoro genuino, creativo e autodefinitivo.

Come presidente di NOW dal 1966 al 1970, Friedan ha diretto campagne per una maggiore rappresentanza delle donne nel governo, per centri di assistenza all'infanzia per le madri lavoratrici, e per l'aborto legalizzato e altre riforme. Un tempo NOW era una delle più grandi e forse la più efficace organizzazione del **movimento delle donne**.

Dopo aver abbandonato la presidenza, Friedan aiutò a organizzare lo Sciopero delle donne per l'uguaglianza - tenutosi il 26 agosto 1970, il 50° anniversario del suffragio femminile - e fu una leader nella campagna per la ratifica della proposta di **emendamento** per l'**uguaglianza dei diritti alla** Costituzione degli Stati Uniti. **Betty Friedan** fu un membro fondatore del National Women's Political Caucus (1971), e divenne direttore della First Women's Bank and Trust Company nel 1973.

Betty Friedan è stata autrice di alcuni libri nel corso della sua carriera, tra cui *It Changed My Life: Writings on the Women's Movement* (1976); *The Second Stage* (1981), una valutazione dello stato del movimento delle donne; e *The Fountain of Age* (1993), un'esplorazione della psicologia della vecchiaia.

Betty Friedan ha pubblicato le sue memorie, *Life So Far*, nel 2000. È morta il 4 febbraio 2006 a Washington, D.C.

In evidenza

- Bettye Goldstein si è laureata nel 1942 allo Smith College con una laurea in psicologia e, dopo un anno di specializzazione alla University of California, Berkeley, si è stabilita a New York City.
- The Feminine Mystique (1963), che esplorava le cause delle frustrazioni delle donne moderne nei ruoli tradizionali, fu un best seller immediato e controverso e fu tradotto in diverse lingue straniere.
- Membro fondatore del National Women's Political Caucus (1971), ha detto che è stato organizzato "per fare politica, non caffè".
- Nel 1976 Friedan pubblicò It Changed My Life: Writings on the Women's Movement e nel 1981 The Second Stage, una valutazione dello stato del movimento delle donne.
- The Fountain of Age (1993) affronta la psicologia della vecchiaia e sollecita una revisione della visione della società che l'invecchiamento significa perdita e impoverimento.

Domande di ricerca

---

1. Qual è il tipo di donna da cui andresti se avessi bisogno di un buon consiglio?
2. Pensi che l'oppressione delle donne da parte della nostra società le abbia aiutate o ostacolate nel raggiungimento del loro potenziale?
3. Come pensi che la società potrebbe cambiare e promuovere l'uguaglianza in modo più efficace per entrambi i generi?

Grace Hopper (1906-1992)

Matematico, informatico e ufficiale della marina

> "La leadership è una strada a doppio senso, lealtà in alto e lealtà in basso. Rispetto per i propri superiori; cura per il proprio equipaggio".

Grace Hopper è stata una matematica, informatica e ammiraglio della marina statunitense. Hopper ha contribuito a ideare l'UNIVAC I, il primo computer elettronico commerciale. È stata una pioniera nello sviluppo della tecnologia dei computer, specialmente dei compilatori - software per computer che traducono le istruzioni di un programmatore in codici per computer.

Grace Hopper guidò il team che sviluppò il primo compilatore che utilizzava principalmente comandi in lingua inglese, piuttosto che comandi simili alla notazione matematica. Questo progresso rese la programmazione del computer più accessibile a persone che non erano matematici. Il compilatore, chiamato Flow-Matic, fu un importante precursore del linguaggio per computer COBOL.

Grace Hopper è nata Grace Brewster Murray il 9 dicembre 1906 a New York, New York. Si è laureata al Vassar College, a Poughkeepsie, New York, nel 1928. Grace Hopper ha frequentato la scuola di specializzazione alla Yale University, a New Haven, Connecticut, ricevendo un master nel 1930 e un dottorato nel 1934.

Hopper insegnò matematica a Vassar prima di entrare nella Riserva Navale degli Stati Uniti nel 1943. Divenne tenente e fu assegnata al Bureau of Ordnance's Computation Project all'Università di Harvard nel 1944. Ad Harvard, Hopper lavorò con Howard Aiken su Mark I, il primo calcolatore automatico su larga scala e un precursore dei computer elettronici.

Grace Hopper rimase ad Harvard come ricercatrice civile mentre manteneva la sua carriera navale come riservista. Dopo che una falena entrò nei circuiti del Mark I, coniò il termine bug per riferirsi ai guasti inspiegabili dei computer.

Nel 1949 Hopper si unì alla Eckert-Mauchly Computer Corp. dove progettò un compilatore migliorato. Rimase con l'azienda quando fu rilevata dalla Remington Rand e dalla Sperry Rand Corp. Nel 1957 la divisione di Hopper sviluppò Flow-Matic, il primo compilatore di elaborazione dati in lingua inglese. Hopper in seguito ideò applicazioni navali in COBOL.

Grace Hopper si ritirò dalla marina con il grado di comandante nel 1966. L'anno successivo, tuttavia, Hopper fu richiamata in servizio attivo per aiutare a standardizzare i linguaggi informatici della marina. All'età di 79 anni, Grace Hopper era l'ufficiale più anziano in servizio attivo nella marina degli Stati Uniti quando si ritirò di nuovo nel 1986.

Grace Hopper fu eletta fellow dell'Institute of Electrical and Electronic Engineers nel 1962. Hopper fu nominata il primo "uomo dell'anno" dell'informatica dalla Data Processing Management Association nel 1969. Hopper fu insignita della Medaglia Nazionale della Tecnologia nel 1991. Grace Hopper morì il 1° gennaio 1992 ad Arlington, Virginia.

In evidenza

- Divenne tenente e fu assegnata al Bureau of Ordnance's Computation Project all'Università di Harvard (1944), dove lavorò al Mark I, il primo calcolatore automatico su larga scala e un precursore dei computer elettronici.
- Scrisse il primo manuale di computer, A Manual of Operation for the Automatic Sequence Controlled Calculator (1946), che descriveva come far funzionare il Mark I e fu il primo trattamento esteso di come programmare un computer.
- Lo sviluppo di compilatori per COBOL da parte di Grace Hopper e la sua forte difesa del linguaggio hanno portato al suo uso diffuso negli anni '60.
- Hopper si ritirò dalla marina con il grado di comandante nel 1966, ma fu richiamata in servizio attivo l'anno successivo per aiutare a standardizzare i linguaggi informatici della marina.

Domande di ricerca

---

1. Se potesse dare un solo consiglio a una donna che vuole essere influente e potente, quale sarebbe?
2. Chi sono alcune delle donne più potenti nella scienza, tecnologia, ingegneria e matematica che conosci?
3. Cosa c'è di importante nell'essere un leader donna di cui la gente non parla spesso?

Margaret Thatcher (1925-2013)

La prima donna a diventare primo ministro del Regno Unito

Quando le persone sono libere di scegliere, scelgono la libertà

La prima donna ad essere eletta primo ministro del Regno Unito fu Margaret Thatcher, che fu anche la prima donna a ricoprire tale carica nella storia dell'Europa. Il primo primo ministro dal 1820 a vincere tre elezioni consecutive, la Thatcher rimase in carica più a lungo di qualsiasi altro leader britannico del XX secolo.

Margaret Hilda Roberts è nata il 13 ottobre 1925 a Grantham, Lincolnshire, Inghilterra. Ha fatto commissioni per il partito conservatore nelle elezioni del 1935 e ha mantenuto questa associazione come membro dell'associazione conservatrice dell'Università di Oxford. Laureata in scienze a Oxford, ha lavorato come ricercatrice chimica.

I suoi primi tentativi di vincere un seggio in Parlamento furono nel 1950 e nel 1951. Perse entrambe le elezioni. Nel 1951 sposò l'uomo d'affari Denis Thatcher. Per prepararsi alla politica la Thatcher iniziò a studiare legge, con particolare attenzione alla tassazione e alla politica dei brevetti. Nel 1959 si candidò di nuovo al Parlamento da un sicuro distretto conservatore del nord di Londra e vinse.

Margaret Thatcher servì come segretaria al Ministero delle Pensioni e delle Assicurazioni dal 1961 al 1964 e come segretario di stato per l'educazione e la scienza nel gabinetto di Edward Heath dal 1970 al 1974. Dopo che il partito conservatore perse due elezioni generali nel 1974, la Thatcher seguì Heath come capo del partito. Quando il partito conservatore vinse le elezioni del 1979, divenne primo ministro.

Margaret Thatcher apparteneva all'ala più conservatrice del suo partito, sostenendo tagli alla tassazione, la fine dei controlli governativi e riduzioni della spesa pubblica. Le sue prime politiche causarono una diffusa disoccupazione e una serie di fallimenti di imprese. Una vittoria popolare nel conflitto delle isole Falkland del 1982, tuttavia, portò ad una vittoria schiacciante nelle elezioni del 1983. La sua statura come leader mondiale aumentò quando visitò l'Unione Sovietica nel marzo 1987, meno di tre mesi prima di un'altra notevole vittoria.

L'obiettivo dichiarato di Margaret Thatcher era di "distruggere il socialismo". La sua "rivoluzione incompiuta" per rimodellare la vita politica, economica e sociale britannica - principalmente attraverso la privatizzazione - è stata etichettata come Thatcherismo. A causa della sua forte leadership, fu chiamata la Signora di Ferro.

Margaret Thatcher ha sostenuto l'alleanza NATO e le Comunità europee, anche se la sua opposizione all'integrazione "Europa 1992" ha influito negativamente sulla sua popolarità e ha contribuito alle sue dimissioni nel novembre 1990.

Nonostante il suo ritiro ufficiale dalla carica, la Thatcher continuò a gettare un'ombra sulla politica mondiale. Fu particolarmente esplicita nella sua opposizione alla partecipazione della Gran Bretagna a diverse istituzioni dell'Unione Europea, e la Thatcher delineò la sua posizione nel suo libro Statecraft: Strategies for a Changing World (2002).

Nel 1991 la Thatcher ha istituito la Margaret Thatcher Foundation, che promuove la democrazia e il libero mercato, in particolare nei paesi ex comunisti dell'Europa orientale e centrale. Nel 1992 è stata nominata pari a vita nella Camera dei Lord, e nel 1995 la regina Elisabetta II le ha conferito l'Ordine della Giarrettiera, la più alta onorificenza civile e militare britannica. Nel marzo 2002, dopo aver subito una serie di piccoli ictus, ha annunciato il suo ritiro dalla vita pubblica. Margaret Thatcher è morta l'8 aprile 2013 a Londra, in Inghilterra.

In evidenza

- Margaret Thatcher condusse i conservatori a una decisiva vittoria elettorale nel 1979, dopo una serie di grandi scioperi durante l'inverno precedente (il cosiddetto "Inverno dello scontento") sotto il governo laburista di James Callaghan.
- La Thatcher entrò in carica promettendo di frenare il potere dei sindacati, che avevano mostrato la loro capacità di portare il paese alla paralisi durante sei settimane di scioperi nell'inverno 1978-1979.
- La seconda metà del mandato della Thatcher fu segnata da un'inestinguibile controversia sul rapporto della Gran Bretagna con la Comunità Europea (CE). Nel 1984 Margaret Thatcher riuscì, tra una feroce opposizione, a ridurre drasticamente il contributo della Gran Bretagna al bilancio della CE.

Domande di ricerca

---

1. Chi preferiresti avere come capo? Margaret Thatcher o Donald Trump?

2. Nei suoi ultimi anni, cosa ha ispirato la Thatcher a fare una dichiarazione controversa?

1. Cosa farebbe di diverso se fosse al comando del Regno Unito?

Kamala Harris (nato nel 1964)

Vicepresidente degli Stati Uniti

La politica democratica Kamala Harris è diventata vicepresidente degli Stati Uniti nel 2021. Harris è stata la prima donna, la prima persona di colore e la prima asiatica americana a ricoprire tale carica. Dal 2017 Harris ha servito come senatrice degli Stati Uniti rappresentando lo stato della California. Harris è stata la prima indiano-americana a servire come senatrice degli Stati Uniti, nonché solo la seconda donna nera a farlo.

Kamala Harris ha fatto campagna per essere il candidato democratico alle elezioni presidenziali del 2020. Dopo aver abbandonato la corsa, Joe Biden l'ha scelta come sua vice-presidente.

Kamala Devi Harris è nata il 20 ottobre 1964 a Oakland, California. Suo padre, giamaicano, insegnava alla Stanford University. Sua madre, figlia di un diplomatico indiano, era una ricercatrice sul cancro. Kamala Harris ha studiato scienze politiche ed economia alla Howard University, da cui si è laureata con una laurea nel 1986. Si è laureata in legge all'Università della California Hastings College of the Law a San Francisco nel 1989.

Kamala Harris si è guadagnata una reputazione di durezza come vice procuratore distrettuale (1990-98) a Oakland, dove ha perseguito casi di violenza di bande, traffico di droga e abusi sessuali. In seguito ha diretto la divisione per i bambini e le famiglie del procuratore della città di San Francisco. Nel 2003 è stata eletta procuratore distrettuale di San Francisco. Nel 2010 è stata eletta per poco tempo procuratore generale della California, vincendo con un margine di meno dell'1%. Quando è entrata in carica l'anno successivo, è diventata la prima donna e la prima persona di colore a ricoprire la carica.

Come procuratore generale, Kamala Harris ha spesso dimostrato indipendenza politica, come quando ha rifiutato le pressioni dell'amministrazione del presidente Barack Obama per risolvere una causa nazionale contro i creditori ipotecari per pratiche sleali. Invece, ha portato avanti il caso della California e nel 2012 ha ottenuto una sentenza cinque volte superiore all'accordo originariamente offerto.

Kamala Harris ha aumentato il suo profilo nazionale quando ha tenuto un discorso memorabile alla convention nazionale democratica del 2012. Ampiamente considerata una stella nascente all'interno del partito, è stata reclutata per correre per il seggio al Senato degli Stati Uniti tenuto da Barbara Boxer, che si stava ritirando. All'inizio del 2015 ha annunciato la sua candidatura. In campagna elettorale ha chiesto riforme dell'immigrazione e della giustizia penale, aumenti del salario minimo e la protezione dei diritti riproduttivi delle donne. Kamala Harris ha vinto le elezioni del 2016 con quasi tre milioni di voti.

Dopo essere entrata in carica nel gennaio 2017, Kamala Harris ha iniziato a servire nel comitato ristretto sull'intelligence e nel comitato giudiziario, tra gli altri incarichi. È diventata nota per il suo stile accusatorio nell'interrogare i testimoni durante le audizioni. Nel giugno 2017 ha attirato l'attenzione in particolare per le sue domande al procuratore generale degli Stati Uniti Jeff Sessions, che stava testimoniando davanti al comitato di intelligence sulla presunta interferenza russa nelle elezioni presidenziali del 2016. In precedenza aveva invitato Sessions a dimettersi.

Il libro di memorie della Harris, *The Truths We Hold: An American Journey*, è stato pubblicato nel gennaio 2019. Poco dopo Kamala Harris ha annunciato che stava cercando la nomination presidenziale democratica nel 2020. Si è comportata bene nei primi dibattiti, ma ha lottato per sostenere il suo slancio nella corsa presidenziale. Kamala Harris si è ritirata dalla corsa all'inizio di dicembre 2019.

Nell'agosto 2020 Biden, che sarebbe diventato il candidato presidenziale democratico, ha nominato Harris come suo compagno di corsa. Kamala Harris è diventata la prima donna nera e la prima indiano-americana a correre per la vicepresidenza come candidato di un grande partito nazionale. Le elezioni si sono tenute il 3 novembre. Mentre i voti venivano contati nei giorni successivi, divenne chiaro che Biden e Harris avrebbero vinto una maggioranza decisiva dei voti del collegio elettorale sui loro avversari, Donald Trump e Mike Pence. Biden e Harris hanno anche vinto il voto popolare con diversi milioni di voti.

Nelle settimane dopo le elezioni, Trump e vari altri leader repubblicani hanno sfidato i risultati, sostenendo senza fondamento che c'erano stati massicci brogli elettorali. Anche se Trump e i suoi alleati hanno intentato una serie di cause, non è stata fornita alcuna prova a sostegno delle accuse. La stragrande maggioranza delle cause fu archiviata. All'inizio di dicembre 2020 tutti gli stati avevano certificato i risultati delle elezioni. Eppure, Trump ha continuato a chiedere ai repubblicani di rovesciare le elezioni.

Il processo si è poi spostato al Congresso per la certificazione finale. Poco dopo l'inizio del procedimento, il 6 gennaio 2021, una folla di sostenitori di Trump ha preso d'assalto il Campidoglio. Ci sono volute diverse ore per mettere in sicurezza l'edificio, ma alla fine Biden e Harris sono stati certificati come vincitori. Kamala Harris ha poi denunciato l'assedio - che molti credevano che Trump avesse incitato - come "un assalto alla democrazia americana". Il 18 gennaio si è ufficialmente dimessa dal Senato. Due giorni dopo Kamala Harris ha prestato giuramento come 49° vicepresidente del paese.

In evidenza

- Kamala Harris ha servito nel Senato degli Stati Uniti (2017-2021) e come procuratore generale della California (2011-2017).
- Kamala Harris, in pieno Kamala Devi Harris, è diventata un'importante sostenitrice della riforma della giustizia sociale

dopo la morte nel maggio 2020 di George Floyd, un afroamericano che era stato in custodia della polizia.

- Nel novembre 2020, Kamala Harris è diventata la prima donna nera ad essere eletta come 49° vicepresidente degli Stati Uniti (2021 -) nell'amministrazione democratica del presidente Joe Biden.

---

1. Se potesse cambiare qualcosa del mondo, cosa sarebbe e perché?
2. Chi sono alcune delle tue donne potenti preferite nella storia e cosa le rende così speciali per te?
3. C'è qualcuno nel mondo reale che ti ispira? Cosa hanno fatto che ha avuto un impatto sulla tua vita oggi?

Serena Williams (nata nel 1981)

Giocatore di tennis americano

"Ho la fortuna che qualunque sia la paura che ho dentro di me, il mio desiderio di vincere è sempre più forte. "

Serena Williams è stata una forza dominante nel suo sport all'inizio del XXI secolo. Possedendo un forte dritto, un servizio veloce e aggressivo e un superbo atletismo, la Williams ha rivoluzionato il gioco professionale femminile con il suo potente stile di gioco.

Serena Williams è nata il 26 settembre 1981 a Saginaw, Michigan. Lei e sua sorella maggiore Venus sono state introdotte al tennis all'età di 4 anni dal loro padre, Richard, il cui obiettivo dichiarato era quello di crescerle per essere campioni. L'improbabile ascesa delle sorelle iniziò su scadenti campi pubblici di Los Angeles, California. Entrambe le ragazze hanno giocato partite di esibizione contro i principali professionisti prima di raggiungere la loro adolescenza. Nel 1991 la famiglia si trasferì in Florida, dove le sorelle si iscrissero a un'accademia di tennis.

Il debutto professionale di Serena Williams avvenne nel 1995. Due anni dopo, nel suo quinto torneo da professionista, ha sconfitto Mary Pierce, settima classificata, e Monica Seles, quarta classificata, per raggiungere le semifinali dell'Ameritech Cup di Chicago. Al numero 304, la Williams era la giocatrice con il ranking più basso ad aver mai battuto due giocatrici top ten nello stesso torneo. Dopo la competizione, il suo ranking mondiale di singolare è salito a 102.

Le aspettative per Serena Williams iniziarono a crescere rapidamente. Suo padre ha fatto dichiarazioni audaci ai media sulle sue figlie di talento, che hanno entrambe firmato accordi di sponsorizzazione multimilionari. Meno di un anno dopo, nel giugno 1998, ha raggiunto la top 20. Nell'aprile 1999 - dopo aver sconfitto Amelie Mauresmo per vincere il Paris Indoor Open, Steffi Graf per vincere il torneo Masters di Indian Wells, e Martina Hingis in semifinale al Lipton Championship - la Williams entrò nella top ten al numero nove.

La campionessa diciassettenne ha raggiunto la top five al numero quattro dopo aver vinto gli U.S. Open più tardi quell'anno. Come settima testa di serie del torneo, Serena Williams è stata la donna con il punteggio più basso a vincere il titolo degli U.S. Open dall'inizio dell'era open nel 1968. Williams è stata la seconda donna afroamericana a vincere un evento del Grande Slam, dopo le vittorie di Althea Gibson nel 1957-58.

Serena Williams ha conquistato altri tre titoli del Grande Slam nel 2002, vincendo gli Open di Francia, Wimbledon e gli US Open e sconfiggendo Venus nelle finali di ogni torneo. Anche se Serena aveva finito le stagioni 2000 e 2001 al sesto posto, dopo la sua vittoria agli Open di Francia nel 2002 è salita al numero due, dietro solo a Venus. Le sorelle Williams sono state le prime sorelle ad occupare contemporaneamente i primi due posti della classifica mondiale.

L'8 luglio 2002, dopo aver vinto il titolo di Wimbledon, Serena Williams ha superato Venus nella classifica per il primo posto. Nel 2003 ha vinto gli Australian Open e Wimbledon, battendo nuovamente la sorella in finale.

Serena Williams ha vinto gli Australian Open altre sei volte (2005, 2007, 2009, 2010, 2015, 2017) e ha conquistato il titolo degli US Open per la terza volta nel 2008.

Nel 2009 Serena Williams ha conquistato il suo terzo titolo di singolare a Wimbledon, sconfiggendo ancora una volta sua sorella, e ha difeso con successo il titolo nel 2010. Serena ha poi lottato contro vari problemi di salute che l'hanno tenuta fuori dal campo per quasi un anno. Nel 2012 ha vinto il suo quinto titolo di singolare di Wimbledon e il quarto titolo degli U.S. Open. Nel 2013 Serena ha vinto il suo secondo titolo di singolare agli Open di Francia e il quinto agli US Open. Ha difeso con successo il suo campionato U.S. Open nel 2014, che le ha dato 18 titoli del Grande Slam in carriera, legandola a Chris Evert e Martina Navratilova per il secondo più alto totale di singolo femminile dell'era Open.

Oltre a vincere gli Australian Open nel 2015, Serena Williams ha vinto il suo terzo Open di Francia e il sesto titolo di Wimbledon quell'anno. Ha vinto di nuovo Wimbledon nel 2016 per aumentare il suo numero di titoli di singolare del Grande Slam in carriera a 22, che la lega alla Graf per il maggior numero di Slam nell'era open sia per le donne che per gli uomini. Nel 2017 ha guadagnato il suo 23° titolo record di singolare del Grande Slam con una vittoria su sua sorella nella finale degli Australian Open. Nell'aprile dello stesso anno, Serena Williams ha annunciato di essere incinta (si era fidanzata nel 2016) e che avrebbe saltato il resto della stagione 2017. Solo 10 mesi dopo aver dato alla luce una figlia, ha raggiunto la finale di Wimbledon nel luglio 2018 ma ha perso il match contro Angelique Kerber.

Le sorelle Williams hanno infranto i record anche come formidabile squadra di doppio. Ai giochi olimpici del 2000 a Sydney, Australia, la loro clamorosa vittoria 6-1, 6-1 contro la squadra olandese ha fatto loro le prime sorelle mai a vincere una medaglia d'oro nella competizione di doppio. Le sorelle hanno vinto di nuovo oro nell'evento di doppio ai giochi del 2008 a Pechino, Cina, e ai giochi del 2012 a Londra, Inghilterra, dove Serena Williams ha anche rivendicato la medaglia d'oro del singolo.

Inoltre, le sorelle hanno conquistato i titoli di doppio in tutti e quattro i tornei del Grande Slam: U.S. Open nel 1999 e 2009, Open di Francia nel

1999 e 2010, Wimbledon nel 2000, 2002, 2008, 2009 e 2012, e Australian Open nel 2001, 2003, 2009 e 2010.

In evidenza

- Serena Williams è una tennista americana che ha rivoluzionato il tennis femminile con il suo potente stile di gioco e che ha vinto più titoli di singolare del Grande Slam (23) di qualsiasi altra donna o uomo durante l'era open.
- Serena Williams ha imparato il tennis da suo padre sui campi pubblici di Los Angeles ed è diventata professionista nel 1995, un anno dopo sua sorella Venus.
- Serena Williams ha battuto il record della Graf agli Australian Open del 2017, dove ha sconfitto sua sorella Venus in finale.
- Nell'aprile di quell'anno, Williams ha annunciato che era incinta (si era fidanzata con Alexis Ohanian, cofondatore del sito web Reddit, nel dicembre 2016) e avrebbe perso il resto della stagione 2017.

Domande di ricerca

1. C'è una donna che pensi non sia stata apprezzata o a cui non è stato dato abbastanza credito per il buon lavoro che fa? Perché e cosa hanno fatto?
2. Quale donna diresti che ha avuto un impatto sul tuo successo, o a chi ti sei ispirata per arrivare dove sei oggi?
3. Cosa dovremmo insegnare alle ragazze di tutto il mondo sui diritti e la rappresentazione femminile nella società?

Sally Ride (1951-2012)

Astronauta americano

"È facile dormire galleggiando - è molto comodo. Ma devi stare attento a non fluttuare contro qualcuno o qualcosa!".

Nel 1983 l'astronauta Sally Ride divenne la prima donna americana a viaggiare nello spazio. Solo altre due donne l'hanno preceduta nello spazio: Valentina Tereshkova (nel 1963) e Svetlana Savitskaya (nel 1982), entrambe dell'ex Unione Sovietica.

Sally Kristen Ride è nata il 26 maggio 1951 a Encino, California. Ride ha mostrato una grande promessa iniziale come tennista, ma alla fine ha rinunciato ai suoi piani di giocare a livello professionale e ha frequentato la Stanford University.

Sally Ride si è laureata nel 1973 in inglese e fisica. Nel 1978, come dottoranda e assistente all'insegnamento di fisica laser a Stanford, è stata selezionata dalla National Aeronautics and Space Administration (NASA) come una delle sei donne candidate all'astronave.

Sally Ride ricevette un dottorato di ricerca in astrofisica e iniziò i suoi corsi di addestramento e valutazione lo stesso anno. Nell'agosto del 1979 completò il suo addestramento alla NASA, ottenne la licenza di pilota e divenne idonea ad essere assegnata come specialista di missioni dello Space Shuttle degli Stati Uniti.

Il 18 giugno 1983, Sally Ride è diventata la prima donna americana nello spazio mentre saliva in orbita a bordo dello space shuttle *Challenger*. La missione dello shuttle durò sei giorni, durante i quali aiutò a dispiegare due satelliti per le comunicazioni e ad effettuare una serie di esperimenti.

Ride servì in una seconda missione spaziale a bordo del *Challenger* nell'ottobre 1984. L'equipaggio includeva un'altra donna, l'amica d'infanzia di Ride, Kathryn Sullivan, che divenne la prima donna americana a camminare nello spazio.

Ride si stava addestrando per una terza missione dello shuttle quando il *Challenger* esplose dopo il lancio nel gennaio 1986, una catastrofe che causò alla NASA la sospensione dei voli dello shuttle per più di due anni. Sally Ride ha fatto parte della commissione presidenziale nominata per indagare sull'incidente. Ride ha ripetuto quel ruolo come membro della commissione che ha indagato sulla rottura in volo dello shuttle *Columbia* nel febbraio 2003.

Sally Ride si dimise dalla NASA nel 1987, e nel 1989 divenne professore di fisica all'Università della California, San Diego, e direttore del suo California Space Institute (fino al 1996). Nel 1999-2000 ha ricoperto posizioni esecutive con Space.com, un sito web che presenta contenuti spaziali, astronomici e tecnologici.

A partire dagli anni '90 Sally Ride ha avviato o diretto una serie di programmi e organizzazioni dedicate a promuovere la scienza nell'educazione, in particolare a fornire supporto alle studentesse interessate alla scienza, alla matematica o alla tecnologia.

Sally Ride ha anche scritto o collaborato a diversi libri per bambini sull'esplorazione dello spazio e sulle sue esperienze personali come astronauta. È morta a La Jolla, California, il 23 luglio 2012. Nel 2013 Ride è stata insignita postuma della Medaglia presidenziale della libertà.

In evidenza

- Sally Ride ha mostrato una grande promessa iniziale come tennista, ma alla fine ha rinunciato ai suoi piani di giocare a livello professionale e ha frequentato l'Università di Stanford, dove ha conseguito la laurea in inglese e fisica (1973).
- Nel 1978, come dottoranda e assistente all'insegnamento di fisica laser a Stanford, è stata selezionata dalla National Aeronautics and Space Administration (NASA) come una delle sei candidate astronaute.
- Sally Ride ha ricevuto un dottorato di ricerca in astrofisica e ha iniziato i suoi corsi di formazione e valutazione quello stesso anno.
- Il 18 giugno 1983, Ride è diventata la prima donna americana nello spazio mentre saliva in orbita a bordo dello shuttle Challenger.

Domande di ricerca

---

1. Come potrebbe essere la parità di genere nel tuo paese (o nella vita attuale)?
2. Chi è un promemoria della vita reale, per te, di ciò che il femminismo è veramente, perché lo stanno vivendo attraverso le loro parole o azioni?
3. Qual è stato il discorso ispiratore più stimolante che abbia mai sentito?

Audrey Hepburn (1929-1993)

Attrice americana

L'attrice britannica di origine belga Audrey Hepburn ha illuminato lo schermo e ha creato ruoli cinematografici indimenticabili con raffinatezza e glamour. Era anche rinomata negli ultimi anni come instancabile ambasciatrice di buona volontà per il Fondo delle Nazioni Unite per l'infanzia (UNICEF). Audrey Hepburn è stata una delle più importanti sostenitrici dei bambini nei paesi in via di sviluppo.

La Hepburn è nata Audrey Kathleen Ruston il 4 maggio 1929 a Bruxelles, in Belgio. I suoi genitori erano la baronessa olandese Ella Van Heemstra e Joseph Victor Anthony Ruston. Suo padre adottò in seguito il cognome Hepburn-Ruston. Credeva di discendere da James Hepburn, 4° conte di Bothwell (un nobile scozzese e terzo marito di Maria, regina di Scozia). Audrey aveva la cittadinanza britannica attraverso suo padre e frequentò la scuola in Inghilterra da bambina. Suo padre lasciò la famiglia quando Audrey Hepburn aveva sei anni.

Nel 1939, all'inizio della seconda guerra mondiale, sua madre trasferì Audrey nei Paesi Bassi. Pensava che il paese neutrale sarebbe stato più sicuro dell'Inghilterra. Durante la guerra, Audrey sopportò le difficoltà nell'Olanda occupata dai nazisti.

Tuttavia, Audrey Hepburn riuscì comunque a frequentare la scuola e a prendere lezioni di danza classica. Durante questo periodo sua madre cambiò temporaneamente il nome di Audrey in Edda Van Heemstra. Era preoccupata che il nome di nascita di Audrey avrebbe rivelato la sua eredità britannica. Dopo la guerra, Audrey continuò a studiare danza classica ad Amsterdam e a Londra, in Inghilterra.

Durante i suoi primi 20 anni, Audrey Hepburn studiò recitazione e lavorò come modella e ballerina. La Hepburn iniziò anche a ottenere alcuni piccoli ruoli cinematografici, accreditati come Audrey Hepburn.

Mentre girava un film a Monte-Carlo, Monaco, Audrey Hepburn fece la conoscenza della scrittrice francese Colette. Colette insistette affinché la Hepburn recitasse a Broadway in un adattamento del 1951 della sua novella Gigi (1944). Nonostante la sua inesperienza, la Hepburn ottenne recensioni entusiastiche.

Il suo grande successo nel cinema arrivò con il film americano Roman Holiday (1953). Audrey Hepburn incantò il pubblico con il suo ritratto di una principessa di grande spirito che si innamora di un giornalista, interpretato da Gregory Peck. La performance della Hepburn le valse un Academy Award come migliore attrice. Il suo taglio di capelli da maschiaccio e il suo abbigliamento crearono un'ondata di moda, la prima di molte tendenze che la Hepburn stabilì.

Nel 1954 Audrey Hepburn ottenne un Tony Award per la sua interpretazione in Ondine. Ha recitato al fianco di Mel Ferrer, che avrebbe sposato più tardi quell'anno. Anche se la Hepburn non tornò a Broadway, continuò a deliziare gli spettatori in leggere commedie romantiche. Tra queste, Sabrina (1954), in cui la Hepburn apparve nel ruolo della figlia di un autista legata sentimentalmente a William Holden e Humphrey Bogart.

Un altro fu Funny Face (1957), in cui la Hepburn interpretava una commessa di una libreria diventata modella. Durante questo periodo la

Hepburn recitò anche in importanti film drammatici come Guerra e pace (1956) e La storia della suora (1959).

Negli anni '60, Audrey Hepburn iniziò a interpretare personaggi più sofisticati e mondani. In uno dei suoi ruoli più celebri, la Hepburn apparve come l'accattivante Holly Golightly in Colazione da Tiffany (1961). Inoltre, fece L'ora dei bambini (1961), Charade (1963), My Fair Lady (1964), e Due per la strada e Aspetta il buio (entrambi 1967). Ha ricevuto candidature all'Oscar per Sabrina, La storia della suora, Colazione da Tiffany e Aspettando il buio.

Audrey Hepburn divorziò da Ferrer nel 1968 e sposò un importante psichiatra italiano. In seguito si ritirò per lo più, scegliendo di concentrarsi sulla sua famiglia piuttosto che sulla sua carriera. La Hepburn uscì dalla pensione per recitare in Robin e Marian (1976) e successivamente apparve in pochi altri film. La sua ultima apparizione fu come angelo in Always (1989).

Nel 1988 Audrey Hepburn iniziò una nuova carriera come ambasciatrice speciale di buona volontà per l'UNICEF. Si dedicò al lavoro umanitario, visitando villaggi colpiti dalla fame in America Latina, Africa e Asia. Nel 1993 l'Academy of Motion Picture Arts and Sciences le conferì il Jean Hersholt Humanitarian Award.

Audrey Hepburn morì il 20 gennaio 1993 a Tolochenaz, in Svizzera, prima di poter accettare ufficialmente il premio. Il figlio di Audrey Hepburn lo accettò in sua vece.

In evidenza

- Anche se nata in Belgio, Audrey aveva la cittadinanza britannica attraverso suo padre e ha frequentato la scuola in Inghilterra da bambina.
- Negli anni '60, la Hepburn aveva superato la sua immagine di ingenua e aveva iniziato a interpretare personaggi più sofisticati e mondani, anche se spesso ancora vulnerabili, tra cui l'effervescente e misteriosa Holly Golightly in Colazione da Tiffany (1961), un adattamento della novella di Truman Capote; una giovane vedova chic coinvolta in una suspense in Charade (1963),

con Cary Grant; e una donna dallo spirito libero coinvolta in un matrimonio difficile in Due per la strada (1967).

- Il ruolo più controverso di Audrey Hepburn fu forse quello di Eliza Doolittle nel musical My Fair Lady (1964).
- Dopo essere apparsa nel thriller Wait Until Dark (1967), la Hepburn andò in semi-pensionamento. Non tornò a recitare fino al 1976, quando recitò nella nostalgica storia d'amore Robin e Marian.

Domande di ricerca

---

1. Chi pensi che abbia il potere di cambiare la società in meglio con la sua capacità di raggiungere, ispirare e potenziare gli altri solo attraverso il suo lavoro o le sue azioni?
2. Perché è importante rendersi conto di quanto l'emancipazione delle donne possa essere per la società nel suo complesso, invece di concentrarsi solo sulle lotte individuali all'interno di un sistema patriarcale?
3. Pensi che sia giusto che le ragazze si trucchino per la prima volta da liceali o da adolescenti più grandi, o dovrebbero aspettare almeno fino a dopo il primo anno di college?

Shirin Ebadi (nata nel 1947)

La prima donna musulmana e iraniana a ricevere il Premio Nobel

"Sostengo che nulla di utile e duraturo può emergere dalla violenza".

L'avvocato, scrittrice e insegnante iraniana Shirin Ebadi ha ricevuto il premio Nobel per la pace nel 2003 per i suoi sforzi per promuovere la democrazia e i diritti umani, specialmente quelli delle donne e dei bambini in Iran. Ebadi è stata la prima donna musulmana e la prima iraniana a ricevere il premio.

Shirin Ebadi è nata il 21 giugno 1947 a Hamadan, Iran, ma è cresciuta a Teheran. Si è laureata in legge all'Università di Teheran nel 1969. Lo stesso anno Ebadi ha iniziato un apprendistato presso il Dipartimento di Giustizia ed è diventata una delle prime donne giudice in Iran. Shirin Ebadi ha anche conseguito un dottorato in diritto privato all'Università di Teheran nel 1971. Dal 1975 al 1979 è stata a capo del tribunale della città di Teheran.

Dopo che i rivoluzionari islamici militanti presero il controllo dell'Iran nel 1979, il ruolo delle donne fu limitato. Ad Ebadi e alle sue colleghe fu proibito di servire come giudici e furono invece assegnati compiti da impiegate. Quando hanno parlato contro il loro trattamento, sono stati dati loro ruoli più alti all'interno del Dipartimento di Giustizia, ma non hanno riguadagnato le loro precedenti posizioni. Ebadi si è dimessa per protesta.

Shirin Ebadi ha poi cercato di praticare la legge, ma, sotto le stesse politiche restrittive, le è stata negata la licenza. Questo è cambiato nel 1992, quando ha ottenuto la licenza e ha iniziato il suo studio legale. In questa veste ha difeso donne e dissidenti, rappresentando molte persone che erano entrate in contrasto con il governo iraniano. Nel 2000 è stata giudicata colpevole di "disturbo dell'opinione pubblica" dopo aver distribuito prove che implicavano funzionari governativi negli omicidi del 1999 degli studenti dell'Università di Teheran. Shirin Ebadi è stata inizialmente condannata a una pena detentiva, interdetta dall'esercizio della professione di avvocato per cinque anni e multata, anche se la sua condanna è stata poi sospesa.

Shirin Ebadi ha contribuito a fondare il Defenders of Human Rights Center nel 2001. Il centro è stato chiuso dal governo nel 2008. Più tardi quell'anno i suoi uffici legali sono stati oggetto di un'incursione e nel 2009 è andata in esilio nel Regno Unito. Tuttavia, Ebadi ha continuato ad agitare per le riforme in Iran.

Shirin Ebadi ha scritto numerosi libri sul tema dei diritti umani, tra cui The Rights of the Child: A Study on Legal Aspects of Children's Rights in Iran (1994), History and Documentation of Human Rights in Iran (2000), e The Rights of Women (2002). Ebadi è stata anche fondatrice e capo dell'Associazione per il sostegno dei diritti dei bambini in Iran. Ebadi ha riflettuto sulle sue esperienze in opere successive come Until We Are Free: My Fight for Human Rights in Iran (2016).

In evidenza

- Mentre serviva come giudice, Shirin Ebadi ha anche conseguito un dottorato in diritto privato presso l'Università di Tehrān (1971).
- Dopo la rivoluzione del 1978-1979 e l'istituzione di una repubblica islamica, le donne furono considerate inadatte a servire come giudici perché i nuovi leader credevano che l'Islam lo proibisse.
- Ebadi ha scritto una serie di libri sul tema dei diritti umani, tra cui The Rights of the Child: A Study of Legal Aspects of Children's Rights in Iran (1994), History and Documentation of Human Rights in Iran (2000), e The Rights of Women (2002).
- Shirin Ebadi ha riflettuto sulle sue esperienze in Iran Awakening: From Prison to Peace Prize, One Woman's Struggle at the Crossroads (2006; con Azadeh Moaveni; pubblicato anche come Iran Awakening: A Memoir of Revolution and Hope) e Until We Are Free: My Fight for Human Rights in Iran (2016).

Domande di ricerca

---

1. Cosa ti ispira del suo viaggio e dei suoi successi?
2. Se volesse saperne di più sull'Iran o sulla politica, da dove comincerebbe?
3. Chi è il tuo politico donna preferito?

Wilma Rudolph (1940-1994)

Atleta americano

"Credetemi, la ricompensa non è così grande senza la lotta".

Nessuno che conosceva Wilma Rudolph durante la sua infanzia avrebbe mai immaginato che sarebbe diventata una superstar dell'atletica. Una serie di malattie all'inizio della vita la lasciarono senza l'uso di una gamba, e solo l'esercizio costante e le cure le permisero finalmente di camminare quando aveva otto anni.

Wilma Rudolph ha continuato, tuttavia, per eccellere nello sport al liceo e al college, e nel 1960 Wilma Rudolph divenne il primo corridore donna americana a vincere tre medaglie d'oro in una singola Olimpiade.

Wilma Glodean Rudolph nacque prematuramente il 23 giugno 1940 a St. Rudolph era il 20° dei 22 figli che suo padre aveva avuto tra due matrimoni.

Wilma Rudolph ha trascorso la maggior parte della sua infanzia a letto, soffrendo di polmonite, scarlattina e poliomielite. Rudolph odiava i tutori metallici alla gamba che doveva indossare e desiderava muoversi come gli altri bambini. Con l'aiuto della sua famiglia che le massaggiava la gamba paralizzata e la portava a fare fisioterapia, Wilma Rudolph scambiò i suoi tutori con delle scarpe speciali. Più tardi Rudolph fu in grado di sbarazzarsi anche di quelle.

Durante il liceo Wilma Rudolph divenne una star del basket e della corsa. All'età di 14 anni, attirò l'attenzione di un allenatore di atletica della Tennessee State University, a Nashville, la scuola da cui poi si laureò (1963).

Wilma Rudolph ha lavorato con lui durante le estati per migliorare le sue capacità di sprint. All'età di 16 anni, Rudolph viaggiò a Melbourne, Australia, per le Olimpiadi estive del 1956 e ha ricevuto una medaglia di bronzo come membro della squadra staffetta 4x100 metri.

Wilma Rudolph fu la campionessa dei 100 metri dell'Amateur Athletic Union (AAU) dal 1959 al 1962. Nel 1960, prima dei Giochi Olimpici di Roma, stabilì un record mondiale di 22,9 secondi per i 200 metri.

Nei Giochi stessi Rudolph vinse medaglie d'oro nei 100 metri piani (stabilendo il record mondiale di 11,3 secondi in semifinale), nei 200 metri piani (correndo la manche di apertura in 23,2 secondi per battere il record olimpico) e nella staffetta 4x100 metri (ancorando la squadra a un nuovo record mondiale di 44,4 secondi in una gara di semifinale). L'AAU presentò Rudolph con il suo Sullivan Award nel 1961 come eccezionale atleta amatoriale dell'anno.

Sentendo che Wilma Rudolph potrebbe non essere in grado di raggiungere lo stesso livello di successo, si rifiutò di partecipare alle Olimpiadi del 1964. Dopo essersi ritirata come corridore, Rudolph insegnò, allenò, tenne discorsi motivazionali e divenne madre.

Wilma Rudolph ha lavorato all'Operazione Campione per fornire ai bambini e agli adolescenti dei quartieri poveri un allenamento sportivo da parte di atleti famosi. Ha anche fondato la Fondazione Wilma Rudolph per promuovere l'atletica amatoriale e incoraggiare i bambini a superare gli ostacoli.

Wilma Rudolph è stata nominata nella National Track and Field Hall of Fame nel 1974, nella International Sports Hall of Fame nel 1980 e nella U.S. Olympic Hall of Fame nel 1983. La sua autobiografia, *Wilma*, è stata pubblicata nel 1977 ed è stata trasformata in un film per la televisione lo stesso anno. Wilma Rudolph morì di cancro al cervello il 12 novembre 1994 a Brentwood, Tennessee.

In evidenza

- Wilma Rudolph era malaticcia da bambina e non poteva camminare senza una scarpa ortopedica fino all'età di 11 anni.
- La sua determinazione a competere, tuttavia, l'ha resa una star del basket e una velocista durante il liceo a Clarksville, Tennessee.
- All'età di 16 anni Wilma Rudolph ha partecipato ai giochi olimpici del 1956 a Melbourne, Australia, vincendo una medaglia di bronzo nella staffetta 4 × 100 metri.
- Nel 1960, prima delle Olimpiadi di Roma, stabilì un record mondiale di 22,9 secondi nei 200 metri. Nei Giochi stessi ha vinto medaglie d'oro nei 100 metri (legando il record del mondo: 11,3 secondi), nei 200 metri e come membro della squadra di staffetta 4 × 100 metri, che aveva stabilito un record mondiale di 44,4 secondi in una gara semifinale.

Domande di ricerca

---

1. Quali sono le citazioni più influenti e potenzianti che le donne hanno detto?
2. In che modo i social media hanno aiutato a responsabilizzare e ispirare le donne?
3. Cosa significano per te i titoli di "influente", "potenziato" e "ispiratore"?

Gloria Steinem (nata nel 1934)

Femminista americana, attivista politica ed editore

Gloria Steinem è stata una sostenitrice del movimento di liberazione delle donne durante la fine del 20° secolo. Steinem è stata la fondatrice della rivista *Ms.* attraverso la quale sperava di esplorare le questioni attuali da una prospettiva femminista.

Gloria Steinem è nata il 25 marzo 1934 a Toledo, Ohio. Quando era giovane viaggiava con i suoi genitori in una roulotte. La coppia divorziò nel 1946, e Gloria si stabilì con sua madre a Toledo.

Per la prima volta Gloria Steinem fu in grado di frequentare regolarmente la scuola. Era anche responsabile di prendersi cura della madre cronicamente depressa. Durante l'ultimo anno di liceo, la Steinem si trasferì a Washington, D.C., per vivere con la sorella maggiore.

Gloria Steinem si è laureata allo Smith College nel 1956 ed è andata in India con una borsa di studio. Lì ha partecipato a proteste non violente contro la politica del governo. Tornata negli Stati Uniti, ha iniziato a lavorare come scrittrice e giornalista a New York City nel 1960.

Il suo articolo del 1963 "I Was a Playboy Bunny", che raccontava la sua esperienza come cameriera al Playboy Club di Hugh Hefner, le portò subito notorietà. Qualche anno dopo il lavoro di Steinem divenne più politico, e Steinem iniziò a scrivere una rubrica, "The City Politic", per la rivista *New York.* Dopo aver partecipato a una riunione di un gruppo femminista radicale, le Redstockings, nel 1968, il suo coinvolgimento nel femminismo si rafforzò.

Come risultato, Gloria Steinem fondò il National Women's Political Caucus, un'organizzazione dedicata a promuovere le donne in politica, nel luglio 1971 con Betty Friedan, Bella Abzug e Shirley Chisholm. Lo stesso anno iniziò a sviluppare la rivista *Ms.* che apparve per la prima volta come inserto nel numero di dicembre di *New York*.

Durante la fine degli anni '70 e gli anni '80, Gloria Steinem divenne la portavoce del movimento di liberazione delle donne. Ha contribuito a fondare la Coalizione delle donne del sindacato, Voters for Choice e Women Against Pornography.

I libri di Gloria Steinem includono *Outrageous Acts and Everyday Rebellions* (1983), *Revolution from Within* (1992) e *Moving Beyond Words* (1994). È stata insignita della Medaglia presidenziale della libertà nel 2013.

In evidenza

- Gloria Steinem, in pieno Gloria Marie Steinem, ha passato i suoi primi anni viaggiando con i suoi genitori in una roulotte.
- Dopo essersi laureata allo Smith College nel 1956, Steinem andò in India con una borsa di studio, dove partecipò a proteste non violente contro la politica del governo.
- Nel 1960 Gloria Steinem iniziò a lavorare come scrittrice e giornalista a New York City. Ha guadagnato l'attenzione nel 1963 con il suo articolo "I Was a Playboy Bunny", che raccontava la sua esperienza come cameriera poco vestita al Playboy Club di Hugh Hefner.
- Ha partecipato alla fondazione della Coalition of Labor Union Women, Voters for Choice, Women Against Pornography e Women's Media Center.

- Nel 2013 la Steinem ha ricevuto la Medaglia presidenziale della libertà.

---

1. Qual è la sua opinione sulle donne potenti?
2. Sei una femminista? Se sì, come ti descriveresti come femminista?
3. Le lotte delle donne potenti e/o delle femministe riflettono anche i problemi delle donne in generale oggi?

Vigdís Finnbogadóttir (nato nel 1930)

La prima donna eletta democraticamente come presidente

La prima donna al mondo ad essere eletta capo di stato in un'elezione nazionale fu Vigdís Finnbogadóttir. (La prima donna primo ministro al mondo, che servì come capo del governo, fu Sirimavo Bandaranaike dello Sri Lanka).

Vigdís Finnbogadótti è stato presidente dell'Islanda dal 1980 al 1996. Anche se la presidenza islandese è in gran parte una posizione cerimoniale, Finnbogadóttir ha avuto un ruolo attivo nel promuovere il paese come ambasciatore culturale. Ha goduto di grande popolarità.

Vigdís Finnbogadótti nacque il 15 aprile 1930 a Reykjavík, in Islanda, in una famiglia ricca e ben collegata. Sua madre presiedeva l'associazione nazionale islandese delle infermiere e suo padre era un ingegnere civile. Dopo essersi laureata al Reykjavík College nel 1949, Finnbogadóttir ha frequentato l'Università di Grenoble e la Sorbona in Francia e l'Università di Uppsala in Svezia. Ha anche studiato in Danimarca e all'Università d'Islanda, dove Finnbogadótti ha poi insegnato francese, teatro e storia del teatro.

Dal 1972 al 1980 Vigdís Finnbogadótti è stato direttore della compagnia teatrale di Reykjavík (Leikfélag Reykjavíkur) e ha partecipato a un gruppo di teatro sperimentale. Durante questo periodo, ha presentato lezioni di francese e programmi culturali sulla televisione di stato islandese. Questo ruolo aumentò la sua reputazione nazionale e la sua popolarità.

Durante la stagione turistica estiva, Vigdís Finnbogadótti serviva anche come guida e traduttore per l'ufficio del turismo islandese. Finnbogadótti divenne membro del Comitato consultivo per gli affari culturali nei paesi nordici nel 1976 e ne fu eletto presidente nel 1978.

Nonostante fosse una madre single divorziata, Vigdís Finnbogadótti fu scelta nel 1980 come candidata alla presidenza dell'Islanda. Finnbogadótti fu eletta per un pelo, con il 33,6% del voto nazionale, contro tre avversari maschi. Fu rieletta presidente tre volte - nel 1984, 1988 e 1992 - prima di ritirarsi dalla politica nel 1996.

Nel 1996 Vigdís Finnbogadótti è diventata presidente fondatore del Consiglio delle donne leader mondiali alla John F. Kennedy School of Government dell'Università di Harvard, a Cambridge, Massachusetts. Due anni dopo è stata nominata presidente della Commissione mondiale sull'etica della conoscenza scientifica e della tecnologia dell'Organizzazione delle Nazioni Unite per l'educazione, la scienza e la cultura (UNESCO).

In evidenza

- Vigdís Finnbogadóttir è nata in una famiglia ricca e ben collegata. Sua madre presiedeva l'associazione nazionale islandese delle infermiere e suo padre era un ingegnere civile.
- Dal 1972 al 1980 Vigdís Finnbogadóttir ha lavorato come direttore della Reykjavík Theatre Company (Leikfélag Reykjavíkur) e ha partecipato a un gruppo di teatro sperimentale.

- Vigdís Finnbogadóttir divenne membro del Comitato consultivo per gli affari culturali nei paesi nordici nel 1976 e ne fu eletto presidente nel 1978.
- Anche se la presidenza islandese è in gran parte una posizione cerimoniale, Finnbogadóttir ha avuto un ruolo attivo nel promuovere il paese come ambasciatore culturale e ha goduto di grande popolarità.

Domande di ricerca

---

1. Come pensa che la sua esperienza in carica come donna carismatica e progressista sia stata diversa da quella di altri presidenti?
2. Quali sono stati i più grandi successi che ha ottenuto come presidente?

Sandra Day O'Connor (nata nel 1930)

Giudice della Corte Suprema degli Stati Uniti

Prima donna ad essere nominata giudice associato della Corte Suprema degli Stati Uniti, Sandra Day O'Connor ha servito dal 1981 fino al suo ritiro nel 2006. Conservatrice moderata, era nota per le sue opinioni attentamente studiate.

Sandra Day è nata il 26 marzo 1930 a El Paso, Texas, ma è cresciuta in un grande ranch di famiglia vicino a Duncan, Ariz. La O'Connor ha frequentato la Stanford University, ottenendo una laurea nel 1950 e una laurea in legge nel 1952. Dopo la sua laurea ha sposato un compagno di classe, John Jay O'Connor III.

Sebbene Sandra Day O'Connor fosse altamente qualificata, non riuscì a trovare lavoro in uno studio legale perché era una donna. Dopo un breve periodo come vice procuratore distrettuale nella contea di San Mateo in

California, la O'Connor e suo marito, un membro del Corpo degli avvocati generali dell'esercito degli Stati Uniti, si trasferirono in Germania, dove lei servì come avvocato civile per l'esercito dal 1954 al 1957.

Quando Sandra Day O'Connor tornò negli Stati Uniti, entrò nella pratica privata a Maryville, Ariz, diventando assistente del procuratore generale dello stato dal 1965 al 1969. Successivamente è stata membro repubblicano del Senato dello Stato dal 1969 al 1974 e alla fine è diventata la prima donna leader della maggioranza.

Nel 1974 Sandra Day O'Connor fu eletta giudice della Corte Superiore nella contea di Maricopa, e cinque anni dopo fu nominata alla Corte d'Appello dell'Arizona a Phoenix. Il presidente Ronald Reagan la nominò nel luglio 1981 per riempire il posto lasciato vacante alla Corte Suprema dal ritiro del giudice Potter Stewart. È stata confermata all'unanimità dal Senato e ha prestato giuramento come prima giudice donna a settembre.

Sandra Day O'Connor divenne rapidamente nota per il suo approccio pratico e fu considerata un voto decisivo nelle decisioni della Corte Suprema. In campi diversi come la legge elettorale e i diritti di aborto, la O'Connor ha cercato di creare soluzioni praticabili a importanti questioni costituzionali, spesso nel corso di diversi casi.

Si è ritirata dalla Corte Suprema nel 2006 ed è stata sostituita da Samuel A. Alito, Jr. Nel 2009 Sandra Day O'Connor ha ricevuto la Medaglia presidenziale della libertà degli Stati Uniti.

In evidenza

- Sandra Day O'Connor è stata la prima donna a servire nella Corte Suprema.
- In una serie di sentenze, la O'Connor ha segnalato una riluttanza a sostenere qualsiasi decisione che possa negare alle donne il diritto di scegliere un aborto sicuro e legale.
- Grazie alla sua gestione nel caso Planned Parenthood of Southeastern Pennsylvania v. Casey (1992), la Corte ha rimodellato la sua posizione sul diritto all'aborto.

1. Cosa pensa del femminismo e del suo ruolo nel mondo attuale?
2. Le donne sono rappresentate in modo positivo nei vostri media (locali)?
3. C'è qualche donna a cui aspiri di più ad essere come un'altra?

Althea Gibson (1927-2003)

Giocatore di tennis americano

La prima tennista afroamericana di livello mondiale fu Althea Gibson. Nel 1950 ha rotto la barriera del colore nel tennis diventando la prima atleta nera a giocare nel campionato nazionale di tennis degli Stati Uniti.

Althea Gibson è stata la migliore giocatrice di questo sport alla fine degli anni '50, vincendo cinque eventi di singolare del Grande Slam. Nel corso della sua carriera, ha vinto più di 50 altri tornei. Alta quasi 5 piedi e 11 pollici, Gibson aveva una portata impressionante e un servizio forte e intimidatorio.

Althea Gibson è nata il 25 agosto 1927 a Silver, South Carolina. La Gibson è cresciuta nella sezione di Harlem a New York City, dove ha imparato a giocare a paddle tennis a nove anni in un programma ricreativo organizzato dalla Police Athletic League. Uno degli allenatori le insegnò poi a giocare a tennis, e lei iniziò ad allenarsi, e a vincere partite, al Cosmopolitan Tennis Club di Harlem.

Nel 1947 Althea Gibson vinse il primo dei suoi 10 titoli nazionali femminili negativi consecutivi. Continuò a giocare nei tornei nazionali mentre frequentava la Florida Agricultural and Mechanical University a Tallahassee, dove giocava anche nella squadra di basket della scuola.

All'inizio, Althea Gibson giocò nei tornei sponsorizzati dall'American Tennis Association, un'organizzazione fondata per i giocatori afroamericani come alternativa alla United States Lawn Tennis Association (USLTA). Gibson ha iniziato a competere in partite USLTA nel 1949 e ha vinto il campionato Eastern Indoor dell'associazione nel 1950. Ma molti dei principali tornei si tenevano in club di tennis per soli bianchi.

Dopo alcune pressioni pubbliche, nel 1950 Althea Gibson divenne la prima atleta nera ad essere invitata al campionato nazionale americano su erba, il precursore degli U.S. Open, a Forest Hills, nel Queens, New York. Nel 1951 divenne la prima afroamericana a giocare a Wimbledon. L'anno seguente Gibson si classificò per la prima volta tra le prime 10 tenniste del mondo.

Il gioco di Althea Gibson ristagnò a metà degli anni '50, ma fu rinvigorito quando partecipò a un tour tennistico di buona volontà del Dipartimento di Stato americano in Asia. Ha vinto una serie di tornei lì e in Europa, compreso il suo primo evento del Grande Slam, il campionato francese in singolo nel 1956.

Althea Gibson vinse il campionato italiano di singolare di quell'anno e il titolo di doppio a Wimbledon. Nel 1957 la Gibson vinse i titoli di doppio australiano e di doppio misto degli Stati Uniti. Lo stesso anno vinse i campionati in singolo e in doppio a Wimbledon e in singolo a Forest Hills, e Gibson riconquistò tutti e tre questi titoli nel 1958. Poi si ritirò dal tennis amatoriale.

Althea Gibson giocò per un po' come professionista, anche in partite di tennis di esibizione alle partite degli Harlem Globetrotters, ma c'erano pochi tornei di tennis professionali in quegli anni. Invece, si dedicò al golf. Nel 1963 divenne la prima atleta nera a giocare nel tour della Ladies Professional Golf Association (LPGA). Dal 1973, servì come amministratore sportivo, soprattutto per lo stato del New Jersey, dove visse nei suoi ultimi anni.

Althea Gibson ha pubblicato un'autobiografia, *I Always Wanted to Be Somebody*, nel 1958. La Gibson morì a East Orange, New Jersey, il 28 settembre 2003.

In evidenza

- Althea Gibson, fu la prima giocatrice nera a vincere i campionati di singolare francese (1956), Wimbledon (1957-58) e U.S. Open (1957-58).
- Nel 1942 Gibson vinse il suo primo torneo, che era sponsorizzato dall'American Tennis Association (ATA), un'organizzazione fondata da giocatori afroamericani.
- Nel 1947 la Gibson conquistò il campionato di singolare femminile dell'ATA, che avrebbe tenuto per 10 anni consecutivi.
- Mentre frequentava la Florida Agricultural and Mechanical University (B.S., 1953) a Tallahassee, continuò a giocare nei tornei di tutto il paese e nel 1950 divenne la prima tennista nera a partecipare al torneo nazionale su erba a Forest Hills nel Queens, New York.
- Gibson ha anche vinto il doppio misto statunitense e il doppio femminile australiano nel 1957.

Domande di ricerca

1. Cosa diresti a qualcuno che non pensa che queste donne meritino di essere influenti, potenti e ispiratrici?
2. Se potesse cenare con qualsiasi donna della storia (reale o immaginaria) chi sarebbe?
3. Quale serie TV pensi che passerà alla storia come la serie TV più femminista di tutti i tempi, e perché?

Yingluck Shinawatra (nata nel 1967)

Primo ministro della Thailandia

La prima donna primo ministro della Thailandia è stata la donna d'affari e politica Yingluck Shinawatra. Ha servito come primo ministro del paese dal 2011 al 2014. Yingluck era la sorella dell'ex primo ministro Thaksin Shinawatra, che era stato estromesso in un colpo di stato militare incruento.

Yingluck Shinawatra è nata il 21 giugno 1967 nella città di San Kamphaeng, in Thailandia. Shinawatra era la più giovane di nove figli nati in una ricca famiglia di origine cinese. Il padre di Yingluck è stato membro del parlamento dalla fine degli anni '60 alla metà degli anni '70. Anche suo fratello Thaksin ha servito in parlamento e in vari incarichi ministeriali prima di servire come primo ministro dal 2001 al 2006.

Yingluck Shinawatra si è laureata all'Università di Chiang Mai nel 1988. Ha frequentato la scuola di specializzazione negli Stati Uniti, conseguendo un master in amministrazione pubblica alla Kentucky State University di Frankfort nel 1991.

Dopo essere tornata in Thailandia, Yingluck Shinawatra ha iniziato a lavorare nelle varie imprese commerciali della sua famiglia. Col tempo, è diventata un alto dirigente di Advanced Info Service (AIS), il ramo delle telecomunicazioni della grande holding di famiglia. Nel 2006 la società madre di AIS è stata venduta a un conglomerato con sede a Singapore.

Questa controversa transazione portò alla famiglia un enorme profitto, ma fu uno dei fattori che portarono alla caduta di Thaksin più tardi quell'anno. Dopo la vendita, Yingluck Shinawatra divenne presidente degli affari immobiliari della famiglia. Suo fratello fu rimosso come primo ministro e andò in esilio.

Thaksin è rimasto popolare in Thailandia, tuttavia, soprattutto tra la gente rurale nella parte settentrionale del paese. Sono sorte tensioni tra i suoi sostenitori e i suoi oppositori, che erano principalmente élite urbane. Alla fine, le proteste di massa prolungate dei sostenitori di Thaksin nella primavera del 2010 a Bangkok sono state represse con la forza dai militari thailandesi.

Dopo che Thaksin è stato rimosso dalla carica, il suo partito politico è stato messo fuori legge. Nel 2008 fu formato un successore del suo partito. Il nuovo partito fu chiamato Partito per i thailandesi (Phak Puea Thai; PPT). Le elezioni parlamentari sono state annunciate all'inizio di maggio 2011 e Yingluck ha dichiarato la sua candidatura poco dopo.

Yingluck Shinawatra, vista come un volto nuovo nella politica thailandese, è stata tuttavia notevolmente aiutata dall'essere la sorella di Thaksin. Nelle elezioni del 3 luglio, Shinawatra ha vinto le elezioni, insieme al PPT. È diventata primo ministro.

Quasi immediatamente dopo essere entrata in carica, Yingluck Shinawatra ha dovuto affrontare massicce inondazioni su ampie porzioni della Thailandia causate da piogge monsoniche insolitamente pesanti. Il disastro ha lasciato centinaia di morti e ha fatto chiudere una gran parte delle attività produttive economicamente vitali del paese di proprietà straniera. La maggior parte di queste aziende sono tornate in attività entro la metà del 2012, il che ha contribuito a rilanciare l'economia della Thailandia.

Dal punto di vista politico, Yingluck Shinawatra ha dovuto affrontare critiche costanti da parte dell'opposizione che la ritenevano una rappresentante del fratello in esilio Thaksin. Nel 2013 il suo governo ha tentato di concedere l'amnistia a coloro che sono stati coinvolti nelle tensioni politiche tra il 2006 e il 2010, il che, si credeva, avrebbe incluso suo fratello. Questo tentativo non solo è fallito nella legislatura, ma ha portato a massicce proteste antigovernative alla fine dell'anno.

Yingluck Shinawatra ha risposto sciogliendo la legislatura e fissando elezioni anticipate per febbraio 2014. I manifestanti dell'opposizione sono riusciti a interrompere il processo elettorale, tuttavia, e i tribunali hanno dichiarato le elezioni non valide.

Yingluck Shinawatra ha chiesto nuove elezioni, che si sarebbero dovute tenere nel luglio 2014. All'inizio di maggio, tuttavia, la Corte costituzionale del paese ha stabilito che aveva rimosso illegalmente un funzionario del governo all'inizio della sua amministrazione, ed è stata destituita dall'incarico. Un giorno dopo la sua estromissione è stata incriminata con l'accusa di corruzione derivante da un programma di sovvenzioni per il riso istituito dal suo governo.

Più tardi, a maggio, i militari hanno messo in atto un colpo di stato incruento e hanno istituito un consiglio di governo. All'inizio di agosto, il consiglio aveva nominato una legislatura ad interim. Nel gennaio 2015, mentre le accuse penali erano ancora pendenti contro di lei, quella legislatura ha votato per l'impeachment di Yingluck per il suo coinvolgimento nel programma di sovvenzioni al riso. Di conseguenza, la Shinawatra era ineleggibile a candidarsi a cariche pubbliche per i successivi cinque anni.

In evidenza

- Yingluck Shinawatra, è una donna d'affari e politica thailandese che è stata primo ministro della Thailandia dal 2011 al 2014.
- Era la sorella minore dell'ex primo ministro Thaksin Shinawatra e la prima donna del paese a ricoprire tale carica.
- Thaksin è stato estromesso dalla carica con un colpo di stato militare incruento nel settembre 2006.
- È stato emesso un mandato d'arresto per lei, ma i membri del suo partito hanno riferito che era fuggita dal paese per raggiungere suo fratello a Dubai.

Domande di ricerca

---

1. Qual è il suo leader femminile preferito e perché?
2. Chi è la tua girl boss (imprenditrice) preferita?
3. Che tipo di problemi sociali hai o hai affrontato da studente (riguardo alla razza, al genere, alla sessualità) e come sono stati superati?

Gertrude B. Elion (1918-1999)

Biochimico e farmacologo americano

La farmacologa statunitense Gertrude B. Elion ha ricevuto il premio Nobel
per la fisiologia o la medicina nel 1988 insieme a George H. Hitchings e Sir
James W. Black. I tre hanno ricevuto il premio per il loro sviluppo di
farmaci usati per trattare diverse malattie importanti.

Gertrude Belle Elion è nata il 23 gennaio 1918 a New York City. Si è
laureata in biochimica all'Hunter College di New York City nel 1937.
Incapace di ottenere un posto di ricercatore laureato perché era una
donna, Elion prese una serie di lavori, tra cui assistente di laboratorio,
insegnante di chimica e fisica nelle scuole superiori di New York City, e
chimico di ricerca.

Durante questo periodo, Elion prese anche lezioni alla New York University, dove conseguì un master nel 1941. Poiché Elion non poteva dedicarsi agli studi a tempo pieno, non ha mai ricevuto un dottorato.

Nel 1944 Gertrude B. Elion entrò nei Burroughs Wellcome Laboratories (ora parte di GlaxoSmithKline). Lì fu prima l'assistente e poi la collega di Hitchings, con cui lavorò per i successivi quattro decenni.

Gertrude B. Elion e Hitchings svilupparono una serie di nuovi farmaci che erano efficaci contro la leucemia, i disturbi autoimmuni, le infezioni del tratto urinario, la gotta, la malaria e l'herpes virale. Il loro successo era dovuto principalmente ai loro metodi di ricerca innovativi. Piuttosto che usare l'approccio per tentativi ed errori usato dai farmacologi precedenti, Elion e Hitchings esaminarono la differenza tra la biochimica delle cellule umane normali e quella delle cellule tumorali, dei batteri, dei virus e di altri agenti patogeni (agenti che causano malattie).

Hanno usato queste informazioni per creare farmaci che potessero colpire un particolare patogeno senza danneggiare le normali cellule dell'ospite umano. I loro metodi hanno permesso loro di eliminare molte delle congetture e degli sforzi sprecati tipici della precedente ricerca sui farmaci.

Anche se Gertrude B. Elion è andata ufficialmente in pensione nel 1983, ha contribuito a supervisionare lo sviluppo dell'azidotimidina (AZT), il primo farmaco usato nel trattamento dell'AIDS. Nel 1991 ha ricevuto la Medaglia Nazionale della Scienza ed è stata inserita nella National Women's Hall of Fame. Elion è morta il 21 febbraio 1999 a Chapel Hill, N.C.

In evidenza

- Gertrude B. Elion, per esteso Gertrude Belle Elion, si è laureata in biochimica all'Hunter College di New York City nel 1937.
- Incapace di dedicarsi agli studi a tempo pieno, Elion non ha mai ricevuto un dottorato.
- Elion e Hitchings svilupparono una serie di nuovi farmaci che erano efficaci contro la leucemia, i disturbi autoimmuni, le infezioni del tratto urinario, la gotta, la malaria e l'herpes virale.

- Anche se Elion è andata ufficialmente in pensione nel 1983, ha contribuito a supervisionare lo sviluppo dell'azidotimidina (AZT), il primo farmaco usato nel trattamento dell'AIDS.
- Nel 1991 ha ricevuto la Medaglia Nazionale della Scienza ed è stata inserita nella National Women's Hall of Fame.

1. Viviamo in un'epoca in cui è più facile per le donne perseguire i loro sogni rispetto alle generazioni precedenti?
2. Conosci qualche donna che ha fatto qualcosa di speciale?
3. Quali sono i suoi pensieri sullo stato attuale dell'empowerment delle donne nella società di oggi?

Katharine Graham (1917-2001)

La prima donna a capo di un'azienda Fortune 500

"Un errore è semplicemente un altro modo di fare le cose".

Alla notizia della morte dell'editrice e donna d'affari statunitense Katharine Graham, il presidente degli Stati Uniti George W. Bush disse alla nazione che aveva perso la "first lady" del giornalismo americano. Sotto la guida della Graham, il Washington Post aumentò la sua circolazione e divenne il giornale più influente della capitale americana e uno dei più potenti del paese.

Katharine Graham ha anche costruito The Washington Post Company in una grande potenza mediatica diversificata, e nel processo, Graham è diventata la prima donna a capo di una società Fortune 500.

È nata Katharine Meyer il 16 giugno 1917 a New York City. Suo padre, Eugene, era un banchiere di successo e sua madre, Agnes, una mecenate delle arti e una sostenitrice dell'istruzione. Katharine frequentò il Vassar College a Poughkeepsie, New York, dal 1934 al 1936 e poi si trasferì all'Università di Chicago, laureandosi nel 1938.

Dopo un anno come reporter per il San Francisco News, Katharine entrò nella redazione del Washington Post, che suo padre aveva comprato in una vendita fallimentare nel 1933. Lavorò anche nei dipartimenti editoriale e di circolazione del Sunday Post.

Nel 1940 Katharine sposò Philip Graham, un impiegato di legge, e dal 1945 aveva abbandonato la sua carriera in favore della sua crescente famiglia. Nel 1946 suo marito abbandonò le sue ambizioni politiche per diventare editore del Post, e nel 1948 la coppia comprò le azioni con diritto di voto della società da suo padre.

Katharine Graham rimase comunque lontana dal coinvolgimento attivo negli affari mentre la società The Washington Post acquisiva il rivale Times-Herald nel 1954, la rivista Newsweek nel 1961 e diverse stazioni radio e televisive.

Nel settembre 1963, dopo la morte per suicidio del marito maniaco-depressivo, Katharine Graham assunse la presidenza della società The Washington Post. Dal 1969 al 1979 la Graham tenne anche il titolo di editore. Sotto la sua guida, il Washington Post divenne noto per i suoi aggressivi reportage investigativi.

Con l'aiuto dell'editore Benjamin C. Bradlee, Katharine Graham guidò il giornale attraverso la pubblicazione nel 1971 dei Pentagon Papers (una storia segreta del governo sulla guerra in Vietnam) e la rottura nel 1972 dello scandalo Watergate (che portò alle dimissioni di Richard M. Nixon dalla presidenza nel 1974 sotto la minaccia di impeachment). In entrambi i casi, le agenzie governative fecero pressione per non stampare le storie, ma lei tenne duro e si guadagnò un grande rispetto da parte del pubblico e dei colleghi giornalisti.

Katharine Graham portò il Washington Post Company da un fatturato di 84 milioni di dollari quando assunse il controllo del giornale nel 1963 a un fatturato di 1,4 miliardi di dollari nei primi anni '90. La compagnia iniziò la vendita pubblica delle sue azioni nel 1971. È cresciuta anche attraverso nuove acquisizioni, tra cui il giornale The Herald di Everett, Wash, numerose stazioni televisive, operazioni di televisione via cavo, Kaplan Educational Centers, Washington Post Newsweek Interactive, una società di informazioni elettroniche, Post Newsweek Tech Media Group, un editore di periodici d'affari e Gazette Newspapers, editore di diversi settimanali. Katharine Graham è stata amministratore delegato della società dal 1973 al 1991 e presidente del consiglio di amministrazione dal 1973 al 1993; suo figlio Donald le è succeduto in entrambe le posizioni.

L'Overseas Press Club ha assegnato a Katharine Graham il suo President's Award per il successo di una vita nel giornalismo nel 1997. Nel 1998, all'età di 80 anni, la Graham ha ricevuto il premio Pulitzer per la biografia per la sua autobiografia, Personal History (1997). Graham morì il 17 luglio 2001 a Boise, Idaho, per le ferite alla testa riportate durante una caduta pochi giorni prima.

In evidenza

- Dopo un anno come reporter per il San Francisco News, Katharine Graham entrò nella redazione del Washington Post, che suo padre aveva acquistato nel 1933.
- Nel 1972 Katharine Graham assunse la carica di amministratore delegato della Washington Post Company, diventando così la prima donna amministratore delegato di una società Fortune 500; mantenne la carica fino al 1991.
- Nel 1998 Katharine Graham ha ricevuto il premio Pulitzer per la biografia per la sua autobiografia, Personal History (1997).

Domande di ricerca

---

1. Come pensi che una ragazza possa sfondare a New York e diventare una delle donne più influenti della storia?

2. Ti vedi un giorno come presidente o amministratore delegato?

3. Qual è una lezione di leadership che ha imparato da Katharine Graham?

Babe Didrikson Zaharias (1911-1956)

Atleta americano

---

*"Fortuna? Certo, ma solo dopo una lunga pratica e solo
con la capacità di pensare sotto pressione".*

Un'eccezionale atleta americana del 20° secolo fu Babe Didrikson
Zaharias. Si esibì nel basket, nell'atletica e nel golf. Didrikson si rivolse al
golf come forma di rilassamento nel 1932, ma in pochi anni divenne la
principale donna golfista degli Stati Uniti.

Didrikson nacque Mildred Ella Didriksen (in seguito cambiò l'ortografia) a
Port Arthur, Texas, il 26 giugno 1911. Divenne una giocatrice di basket all-
American nel 1930 e nel 1931. Nel 1932, al torneo annuale di atletica
femminile sponsorizzato dall'Amateur Athletic Union, partecipò a otto
eventi e ne vinse cinque.

Alle Olimpiadi estive del 1932 a Los Angeles Babe Didrikson vinse le
medaglie d'oro nel lancio del giavellotto e negli 80 metri a ostacoli, in

entrambi i quali stabilì dei record. Fu privata di una medaglia d'oro nel salto in alto a causa di un cavillo. Didrikson eccelleva anche nel softball, baseball, nuoto, pattinaggio artistico, biliardo e anche nel calcio. Dopo i giochi olimpici del 1932 divenne professionista e prese parte a mostre in tutto il paese.

Babe Didrikson iniziò a giocare a golf casualmente nel 1932, ma dopo il 1934 giocò esclusivamente. Ben presto divenne la principale golfista dilettante degli Stati Uniti. Nel 1946 vinse il torneo amatoriale femminile degli Stati Uniti.

Nel 1947 Babe Didrikson vinse 17 campionati di golf consecutivi e divenne la prima vincitrice americana del British Ladies' Amateur. Didrikson divenne una golfista professionista nel 1948, e nel 1950 vinse lo United States Women's Open. Dal 1948 al 1951 Didrikson fu la prima vincitrice di denaro tra le golfiste. Nel 1954 vinse di nuovo l'Open e l'All-American Open.

Babe Didrikson sposò il wrestler professionista George Zaharias nel 1938. Nel 1953 si sottopose ad un intervento chirurgico per il cancro, che si rivelò senza successo e dovette essere ripetuto nel 1956. Babe Didrikson Zaharias morì quell'anno il 27 settembre a Galveston, Tex. La sua autobiografia, *This Life I've Led*, in cui affermava falsamente di essere nata nel 1914, fu pubblicata nel 1955. Un film per la televisione sulla sua vita intitolato *Babe* fu realizzato nel 1975.

In evidenza

- Nel 1950 Didrikson Zaharias contribuì a fondare la Ladies Professional Golf Association, e divenne la concorrente principale della LPGA.
- Non solo ha attirato l'interesse per il gioco femminile, ma ha rivoluzionato lo sport ed era nota per i suoi potenti drive.
- Diagnosticato un cancro al colon, si sottopose a un intervento chirurgico nel 1953. L'anno seguente, in uno dei più grandi ritorni dello sport, ha catturato il suo terzo U.S. Open. Anche se indossava un sacchetto per la colostomia, Didrikson Zaharias dominò l'evento, vincendo con 12 colpi.

- Le è stata conferita postuma la Medaglia presidenziale della libertà nel 2021.

1. Hai avuto qualche mentore donna nella tua vita quando sei cresciuta?
2. Quale gruppo o organizzazione diresti che sta dando potere alle donne oggi (e non limita la sua assistenza a un segmento particolare)?
3. Perché pensi che la gente ami così tanto leggere favole con protagoniste donne come Cappuccetto Rosso?

Madre Teresa (1910-1997)

Suora cattolica romana albanese-indiana e missionaria

"Diffondi l'amore ovunque tu vada. Che nessuno venga mai da te senza lasciarti più felice. "

Una delle donne più rispettate al mondo, Santa Madre Teresa era conosciuta a livello internazionale per il suo lavoro caritatevole tra le vittime della povertà e dell'abbandono, in particolare nelle baracche di Calcutta (ora Kolkata), in India.

Viene anche chiamata Santa Teresa di Calcutta. Nel 1979 Madre Teresa ha ricevuto il Premio Nobel per la Pace come riconoscimento dei suoi sforzi umanitari. Teresa ha anche ricevuto il Gioiello dell'India, la più alta medaglia civile dell'India, così come lauree honoris causa da istituzioni accademiche di tutto il mondo. La Chiesa cattolica romana l'ha dichiarata santa nel 2016.

Il nome originale di Madre Teresa era Agnes Gonxha Bojaxhiu. Era nata a Skopje, in Macedonia, di origine albanese. Lì fu battezzata il 27 agosto 1910. All'età di 18 anni decise di farsi suora e si avventurò a Dublino, in Irlanda, per unirsi alle Suore di Loreto, una comunità di suore irlandesi con una missione nell'arcidiocesi di Calcutta.

Dopo un anno Madre Teresa lasciò l'Irlanda per unirsi al convento di Loretto a Darjeeling, in India. Il suo lavoro includeva un posto di insegnante alla St. Mary's High School di Calcutta, dove fu testimone della miseria che segnava i bassifondi della città.

Nel 1946, ricordò più tardi Madre Teresa, ricevette una "chiamata nella chiamata", sperimentando quella che lei considerava un'ispirazione divina per iniziare un nuovo capitolo della sua vita, uno dedicato ad aiutare i malati e gli impoveriti. In quell'anno fondò un nuovo ordine religioso, le Missionarie della Carità. Questo nuovo ordine fu ufficialmente riconosciuto dalla Chiesa Cattolica Romana nel 1950. L'ordine organizzò scuole e aprì centri per curare ciechi, anziani, lebbrosi, disabili e moribondi.

Nel 1952 Madre Teresa fondò il Nirmal Hriday ("Luogo per i puri di cuore") a Calcutta, una casa dove i malati terminali potevano andare a morire con dignità. Nonostante le sue convinzioni religiose, pretese che i volontari e i lavoratori del Nirmal Hriday rispettassero le convinzioni religiose di coloro che venivano a cercare rifugio nei loro ultimi giorni. Sotto la sua guida fu costruito un lebbrosario chiamato Shanti Nagar ("Città della Pace") vicino ad Asansol nel Bengala occidentale.

Negli anni successivi alla sua nascita, le Missionarie della Carità stabilirono centri in tutto il mondo. Nel 1968 Papa Paolo VI chiamò Madre Teresa a Roma, in Italia, per fondarvi una casa. Nel 1971 le conferì il primo premio per la pace Papa Giovanni XXIII.

Sotto la direzione di Madre Teresa, le Missionarie della Carità hanno fondato orfanotrofi, centri di nutrizione, centri di assistenza sanitaria e scuole, portando soccorso a persone diverse, dai neri impoveriti in

Sudafrica ai cristiani e musulmani nel Libano devastato dalla guerra nei primi anni '80, ai poveri nella sezione di Harlem di New York City.

Dopo che Madre Teresa ebbe un attacco di cuore nel 1989, le fu impiantato un pacemaker. A causa dei suoi problemi di salute, Madre Teresa si dimise da superiora generale dell'ordine nell'aprile 1990. Tuttavia fu votata dai membri, e tornò al suo posto in settembre.

All'inizio del 1997 Madre Teresa cominciò a soffrire di problemi di salute sempre più gravi, tra cui disturbi cardiaci e renali. Solo pochi mesi dopo essersi dimessa definitivamente dalla guida delle Missionarie della Carità, morì di un attacco di cuore a Calcutta il 5 settembre 1997, all'età di 87 anni.

Al momento della sua morte, le missioni dell'ordine di Madre Teresa esistevano in più di 90 paesi ed erano cresciute fino a comprendere circa 4.000 suore e centinaia di migliaia di lavoratori laici e volontari. Suor Nirmala, un membro di lunga data dell'ordine, le successe come capo dell'organizzazione.

Entro due anni dalla morte di Madre Teresa, il processo per dichiararla santa fu iniziato, con una speciale autorizzazione di Papa Giovanni Paolo II. Madre Teresa è stata beatificata il 19 ottobre 2003, raggiungendo la schiera dei beati in quello che allora era il tempo più breve nella storia della Chiesa Cattolica Romana. Papa Francesco I ha canonizzato Madre Teresa il 4 settembre 2016.

In evidenza

- Madre Teresa, per esteso Santa Teresa di Calcutta, detta anche Santa Madre Teresa, nome originale Agnes Gonxha Bojaxhiu, è stata insignita di numerose onorificenze, tra cui il premio Nobel per la pace del 1979.
- Nei suoi ultimi anni Madre Teresa ha parlato contro il divorzio, la contraccezione e l'aborto.
- Un peggioramento delle sue condizioni cardiache la costrinse a ritirarsi, e l'ordine scelse la sorella Nirmala, nata in India, come suo successore nel 1997.

- Anche se Madre Teresa mostrava allegria e un profondo impegno verso Dio nel suo lavoro quotidiano, le sue lettere (che sono state raccolte e pubblicate nel 2007) indicano che non sentiva la presenza di Dio nella sua anima durante gli ultimi 50 anni della sua vita.

1. C'è una donna di potere il cui lavoro e le cui parole hanno influenzato il modo in cui gli altri pensano ai problemi delle donne e al femminismo per gli anni a venire?
2. In che modo i valori tradizionali o non tradizionali (come l'identità di genere) hanno influenzato la tua infanzia?
3. In che modo il genere ha avuto un ruolo nella tua vita (positivo e negativo)?

Angela Merkel (nata nel 1954)

Prima donna cancelliere della Germania

"Non mi sono mai sottovalutato. E non ho mai visto niente di male nell'ambizione".

Nota per la sua abilità politica, la politica Angela Merkel è diventata la prima cancelliera donna della Germania, nel 2005. Merkel è stata rieletta alla carica nelle elezioni parlamentari del 2009, 2013 e 2017. Merkel è stata una delle sole tre persone elette per quattro mandati come cancelliere negli anni dopo la seconda guerra mondiale. (Gli altri erano Konrad Adenauer e Helmut Kohl).

Lo stile di governo di Angela Merkel era caratterizzato dal pragmatismo, o da un approccio pratico alla soluzione dei problemi. Come capo del paese più popoloso ed economicamente potente d'Europa, ha giocato un importante ruolo di leadership all'interno dell'Unione Europea (UE). Era vista da molti come un difensore dei valori liberaldemocratici.

La Merkel ha dovuto affrontare diverse crisi durante il suo mandato. Durante una crisi economica europea, Merkel ha promosso un programma rigoroso di tagli alla spesa e aumenti delle tasse. Angela Merkel ha lavorato per mantenere l'UE forte e unita, specialmente dopo che il Regno Unito ha votato per lasciare l'unione (in quella che è stata definita "Brexit"). Durante la crisi dei rifugiati, ha permesso a un gran numero di migranti di entrare in Germania - una politica che è stata profondamente impopolare con molti tedeschi.

Angela Merkel è nata Angela Dorothea Kasner il 17 luglio 1954 ad Amburgo, nella Germania occidentale. Si è trasferita con la sua famiglia nella Germania dell'Est quando era solo una bambina. Dopo aver conseguito un dottorato in fisica all'Università di Lipsia nel 1978, si è stabilita a Berlino Est. Lì ha lavorato all'Accademia delle Scienze come chimica quantistica.

Dopo essere stata coinvolta nel movimento democratico negli anni '80, Merkel si unì all'Unione Cristiano Democratica (CDU), un partito politico conservatore. Nel 1990 Merkel fu eletta alla camera bassa del parlamento. Successivamente ha servito sotto il cancelliere Helmut Kohl come ministro della famiglia, degli anziani, delle donne e dei giovani dal 1991 al 1994. È stata ministro dell'ambiente, della conservazione e della sicurezza dei reattori dal 1994 al 1998.

Nel 1998 Gerhard Schröder e il Partito Socialdemocratico di Germania (SPD) vinsero le elezioni contro Kohl e la CDU. Un anno dopo Kohl fu coinvolto in uno scandalo derivante dalla raccolta di contributi elettorali illegali. La Merkel spostò decisamente il suo sostegno da Kohl, aumentando la sua visibilità e popolarità presso gli elettori tedeschi.

Nel 2000 Angela Merkel fu eletta a capo della CDU, diventando la prima donna e la prima non cattolica romana a guidare il partito. Merkel fu anche il primo leader della CDU a provenire dall'ala liberale del partito. Il partito gemello della CDU in Baviera, l'ultraconservatore Unione Cristiano Sociale (CSU), ha disapprovato la sua elezione. Di conseguenza, ha dovuto fare i conti non solo con gli effetti persistenti dello scandalo finanziario, ma anche con un partito diviso. Per le elezioni generali del 2002 il partito nominò Edmund Stoiber della CSU come cancelliere, ma poi perse contro Schröder.

Angela Merkel ha ricevuto la nomina a cancelliere della CDU per le elezioni del 2005. Nelle promesse della campagna elettorale ha promesso di riformare l'economia in difficoltà del paese. Ha anche promesso di riparare le relazioni con gli Stati Uniti, che erano diventate tese a causa dell'opposizione di Schröder alla guerra in Iraq.

La CDU e la CSU hanno vinto le elezioni generali ma non hanno ottenuto la maggioranza con il suo partner di coalizione preferito, il Partito Democratico Libero (FDP). Dopo settimane di negoziati, è stato raggiunto un accordo con la SPD che ha dato alla Merkel la cancelleria in un governo di "grande coalizione".

Angela Merkel è entrata in carica nel novembre 2005, diventando la prima tedesca dell'Est a ricoprire la carica. All'età di 51 anni, Merkel divenne anche il più giovane cancelliere della storia tedesca fino a quel momento.

Nel settembre 2009 Angela Merkel è stata rieletta cancelliere. Questa volta la CDU-CSU e la FDP hanno vinto abbastanza seggi per formare una coalizione senza la SPD. Durante il secondo mandato della Merkel ha giocato un ruolo importante nella risposta dell'UE ad un periodo di incertezza economica. Conosciuta come la crisi del debito della zona euro, è stata innescata da alti livelli di debito pubblico in un certo numero di paesi europei che usavano l'euro come moneta.

Insieme al presidente francese Nicolas Sarkozy, Angela Merkel ha sostenuto l'austerità - tagli alla spesa pubblica e aumenti delle tasse - come la strada per la ripresa delle economie europee danneggiate. Il successo più visibile della Merkel in questo campo è stato un accordo in base al quale i governi si sono impegnati ad operare entro specifici parametri di bilancio in pareggio.

L'accordo è entrato in vigore nel gennaio 2013. Tuttavia, molte persone hanno considerato l'approccio della Merkel alla crisi della zona euro troppo rigido. Hanno avvertito che le dure misure di austerità potrebbero infliggere danni alle economie già danneggiate.

Nelle elezioni federali del settembre 2013, l'alleanza CDU-CSU ha ottenuto una vittoria impressionante, catturando quasi il 42% dei voti - appena al di sotto della maggioranza assoluta. Angela Merkel è diventata la terza cancelliera per tre volte nell'era postbellica. Tuttavia, poiché il partner di coalizione del suo governo, l'FDP, non è riuscito a raggiungere la soglia del 5% per la rappresentanza, Merkel ha dovuto formare un'altra grande coalizione con l'SPD.

L'economia europea in difficoltà ha continuato a incombere mentre Angela Merkel entrava nel suo terzo mandato come cancelliere. Ben presto ha dovuto affrontare anche le sfide di sicurezza alle frontiere dell'UE. All'inizio del 2014 la Russia ha preso con la forza la Crimea, una repubblica autonoma dell'Ucraina, per renderla parte della Russia.

Angela Merkel ha guidato gli sforzi dell'UE per emanare sanzioni contro la Russia. Merkel ha anche partecipato a numerose discussioni con altri leader mondiali nel tentativo di riportare la pace nella regione.

Angela Merkel ha anche dovuto affrontare la più grave crisi di rifugiati in Europa dalla seconda guerra mondiale. A partire dal 2015, un numero enorme di migranti in fuga dai conflitti in Siria, Afghanistan e altrove si è riversato nell'UE. Più di un milione di migranti sono andati in Germania. Merkel ha sostenuto che la Germania avrebbe mantenuto le sue frontiere aperte di fronte all'emergenza umanitaria.

Angela Merkel ha sostenuto che ogni tedesco vorrebbe accogliere persone in fuga da guerre e persecuzioni. Tuttavia, il gran numero di rifugiati che entrano in Germania ha messo a dura prova i servizi pubblici, inclusi la polizia e le guardie di confine. Hanno anche messo a dura prova la generosità del pubblico. La Merkel è stata oggetto di pesanti critiche all'interno della Germania, soprattutto dopo una serie di violenti attacchi nel paese nel 2016.

Durante le feste di Capodanno del 2016, centinaia di donne sono state aggredite da bande di uomini a Colonia e in altre città tedesche. Molti degli aggressori erano migranti in Germania. Il paese è stato anche il luogo di un paio di attacchi terroristici nel luglio 2016 compiuti da migranti. Nel dicembre di quell'anno, un migrante tunisino ha guidato intenzionalmente un camion in un affollato mercato di Natale a Berlino, uccidendo 12 persone.

L'indice di approvazione di Angela Merkel è crollato dopo gli attacchi, soprattutto tra i seguaci dei partiti politici di destra. Pur mantenendo la sua politica di porte aperte per i rifugiati, Merkel ha introdotto piani per rafforzare la sicurezza in Germania e per diminuire il numero di migranti che arrivano nel paese. La sua popolarità è rimbalzata nel 2017, e Merkel ha annunciato che si sarebbe candidata alla rielezione in autunno.

Nelle elezioni generali del 2017, l'alleanza CDU-CSU ha ottenuto circa un terzo dei voti. Questo è stato il peggior risultato dei partiti negli oltre 60 anni del dopoguerra. Alternativa per la Germania, un partito politico di estrema destra anti-immigrazione, ha vinto seggi in parlamento per la prima volta. Tuttavia, la CDU-CSU ha vinto la maggior parte dei voti. Angela Merkel si è assicurata un quarto mandato come cancelliere.

Angela Merkel ha ricevuto la Medaglia presidenziale della libertà degli Stati Uniti nel 2011. Merkel ha ricevuto la medaglia per aver promosso la libertà e i diritti umani in Germania e nel mondo.

In evidenza

- Nelle prime elezioni post-riunificazione, nel dicembre 1990, Angela Merkel vinse un seggio nel Bundestag (camera bassa del parlamento) rappresentando Stralsund-Rügen-Grimmen.
- Merkel è stata nominata ministro delle donne e della gioventù dal cancelliere Helmut Kohl nel gennaio 1991.
- Il secondo mandato della Merkel è stato ampiamente caratterizzato dal suo ruolo personale nella risposta alla crisi del debito della zona euro.
- Più di un milione di migranti sono entrati in Germania nel 2015, e il partito della Merkel ha pagato un forte prezzo politico per la sua posizione sui rifugiati.

Domande di ricerca

---

1. Che consiglio daresti a una nuova ragazza o donna nella tua scuola o nel tuo lavoro?
2. Quale consiglio hai o hai ricevuto da una delle tue insegnanti donne che ti ispira?
3. Quale personaggio televisivo femminile ti ispira di più solo per il suo stile di vita e il suo senso della moda?

Tsai Ing-wen (nato nel 1956)

Prima presidente donna di Taiwan

La prima presidente donna di Taiwan è stata la professoressa di legge e politica Tsai Ing-wen. È entrata in carica come presidente nel 2016. Tsai, che era di origine Hakka, è stata la prima persona con antenati di una delle minoranze etniche di Taiwan a ricoprire tale carica.

Tsai Ing-wen è nata il 31 agosto 1956 a Fang-shan, nella contea di P'ing-tung, Taiwan, da una ricca famiglia di imprenditori. Tsai ha trascorso la sua prima infanzia nella costa meridionale di Taiwan prima di andare a Taipei, dove ha completato la sua istruzione.

Tsai Ing-wen si è laureata in legge nel 1978 alla National Taiwan University di Taipei. Ha frequentato la scuola di specializzazione all'estero, ricevendo un master in legge dalla Cornell University, a Ithaca, New York, nel 1980.

Tsai Ing-wen ha conseguito un dottorato in legge alla London School of Economics, in Inghilterra, nel 1984. Poi è tornata a Taiwan, dove fino al 2000 ha insegnato diritto nelle università di Taipei.

Tsai Ing-wen ha iniziato a lavorare per il governo nei primi anni '90, quando è stata nominata consigliere per la politica commerciale nell'amministrazione del presidente Lee Teng-hui. In quel posto, ha giocato un ruolo importante nei negoziati che hanno spianato la strada all'adesione di Taiwan all'Organizzazione mondiale del commercio nel 2002.

Nel 2000 Chen Shui-bian del Partito Democratico Progressista (DPP) divenne presidente di Taiwan. Egli nominò Tsai presidente del Consiglio per gli affari continentali, che era responsabile delle relazioni tra Taiwan e la Cina. Il consiglio ha affrontato sfide significative durante l'amministrazione di Chen a causa della resistenza del DPP alla Cina e perché ha chiesto che Taiwan diventasse un paese indipendente.

Nel 2004 Tsai Ing-wen ha aderito al DPP ed è stata eletta come membro a pieno titolo della legislatura nazionale di Taiwan. Ha lasciato il suo posto all'inizio del 2006 quando è stata nominata vice-premier di Taiwan.

Tsai Ing-wen è rimasta in quella posizione fino al maggio 2007. Nel 2008, dopo la perdita del DPP nelle elezioni presidenziali di Taiwan, Tsai è stata scelta come prima donna presidente del partito. Tsai ha ricostruito con successo il DPP dopo la sua sconfitta ed è stata rieletta alla carica nel 2010.

Tsai Ing-wen si è candidata come sindaco di New Taipei City, ma ha perso le elezioni. Tsai ha anche perso la corsa presidenziale del 2012 contro l'attuale Ma Ying-jeou del Partito Nazionalista (Kuomintang, o KMT). Nonostante queste sconfitte, è stata vista come una candidata rispettabile ed eleggibile. La sua popolarità è aumentata solo durante la seconda amministrazione di Ma, quando il suo governo si è impantanato nella corruzione e nell'incompetenza.

Il DPP ha nuovamente nominato Tsai Ing-wen come suo candidato per le elezioni presidenziali del 2016. Correva contro Eric Chu del KMT. La campagna di Tsai si è concentrata sulle scarse prestazioni del KMT e sulle sue relazioni sempre più amichevoli con la Cina.

Tsai Ing-wen ha anche sottolineato il continuo scarso rendimento dell'economia di Taiwan. Il 16 gennaio 2016, Tsai ha sonoramente sconfitto Chu, ed è stata inaugurata il 20 maggio. Oltre ad essere la prima donna presidente di Taiwan, Tsai è diventata anche la seconda persona a vincere la presidenza che non era un membro del KMT.

Dopo la sua vittoria, Tsai Ing-wen ha cercato di assicurare a una Cina preoccupata che avrebbe mantenuto relazioni cordiali con la terraferma.

In evidenza

- Tsai Ing-wen ha trascorso la sua prima infanzia nella costa meridionale di Taiwan prima di andare a Taipei, dove ha completato la sua istruzione.
- Nel dicembre 2016, il delicato equilibrio delle relazioni Taiwan-Cina è stato disturbato quando Tsai ha fatto una telefonata al presidente eletto degli Stati Uniti Donald Trump, che ha rovesciato diversi decenni di protocollo diplomatico diventando il primo capo esecutivo degli Stati Uniti a parlare con la sua controparte taiwanese dal 1979.
- Anche se Tsai Ing-wen e Trump avrebbero detto in seguito che la loro telefonata non indicava un cambiamento di politica, nel 2019 l'amministrazione Trump si era impegnata in importanti vendite di armi a Taiwan che includevano carri armati, missili e jet da combattimento.
- Dopo aver sostenuto riforme impopolari delle politiche energetiche e pensionistiche di Taiwan, Tsai Ing-wen ha assistito a un notevole calo della sua popolarità all'avvicinarsi delle elezioni presidenziali del 2020.

Domande di ricerca

1. Cosa pensa che succederebbe se smantellassimo sistematicamente l'idea che uomini e donne sono intrinsecamente diversi?
2. In che modo i tuoi genitori hanno sostenuto i tuoi sogni?

3. Quanto pensi che sia difficile bilanciare lavoro, vita familiare e
    ricoprire una posizione di leadership?

Il tuo regalo

Hai un libro nelle tue mani.

Non è un libro qualsiasi, è un libro della Student Press Books! Scriviamo di eroi neri, donne che danno potere, mitologia, filosofia, storia e altri argomenti interessanti!

Dato che hai comprato un libro, vogliamo che tu ne abbia un altro gratis.

Tutto ciò di cui hai bisogno è un indirizzo e-mail e la possibilità di iscriverti alla nostra newsletter (il che significa che puoi cancellarti in qualsiasi momento).

Allora, cosa stai aspettando? Iscriviti oggi e richiedi il tuo libro gratis all'istante! Tutto quello che devi fare è visitare il link qui sotto e inserire il tuo indirizzo e-mail. Ti verrà inviato il link per scaricare subito la versione PDF del libro in modo da poterlo leggere offline in qualsiasi momento.

E non preoccupatevi - non ci sono fregature o costi nascosti; solo un buon vecchio omaggio da parte nostra qui a Student Press Books.

Visita subito questo link e iscriviti per ricevere la tua copia gratuita di uno dei nostri libri!

Link: https://campsite.bio/studentpressbooks

Libri

I nostri libri sono disponibili in tutti i principali rivenditori di libri online. Guarda i nostri pacchetti di libri digitali qui: https://payhip.com/studentPressBooksIT

La serie di libri dedicata alla Storia dei Neri.

Benvenuti nella serie di libri dedicata alla storia dei neri. Imparate a conoscere quali sono i punti di riferimento nel panorama nero con queste ispiranti biografie di pionieri e pioniere dell'America, dell'Africa e dell'Europa. Sappiamo tutti che la Storia Nera è importante, ma purtroppo può essere difficile trovare dei buoni materiali da leggere.

Molti di noi hanno familiarità con i più noti protagonisti della cultura popolare e dei libri di storia, ma in questi volumi verranno presentati anche anche uomini e donne neri meno conosciuti di tutto il mondo, le cui storie meritano di essere raccontate. Questi libri biografici vi aiuteranno a capire meglio come le sofferenze e le azioni delle persone hanno plasmato i loro paesi e le loro comunità per le generazioni a venire.

Titoli disponibili:

1. 21 leader neri ispiratori: Le vite di importanti personaggi influenti del 20° secolo: Martin Luther King Jr., Malcolm X, Bob Marley e altri
2. 21 donne nere eccezionali: Storie di donne nere influenti del 20° secolo: Daisy Bates, Maya Angelou e altre

La serie di libri Empowerment Femminile.

Benvenuti alla serie di libri Empowerment femminile. Imparate a conoscere le impavide icone femminili dei tempi moderni con le ispiranti biografie delle pioniere di tutto il mondo. L'empowerment femminile è un argomento importante che merita più attenzione di quanta ne riceva. Per secoli alle donne è stato detto che il loro posto era in casa, ma molte di loro si sono rifiutate di crederlo.

Le donne sono ancora poco rappresentate nei libri di storia, le poche che vengono nominate nei libri di testo di solito tendono ad essere relegate in poche righe. Eppure, la storia è piena di storie di donne forti, intelligenti e indipendenti che hanno superato gli ostacoli e cambiato il corso degli eventi semplicemente perché volevano vivere la loro vita.

Questi libri biografici ti ispireranno insegnandoti anche preziose lezioni sulla perseveranza e il superamento delle avversità! Impara da questi esempi che tutto è possibile se ci si impegna!

Titoli disponibili:

1. 21 donne eccezionali: Le vite delle intrepidi donne che hanno combattuto per la libertà superando tutti i confini: Angela Davis, Marie Curie, Jane Goodall e altre
2. 21 donne ispiratrici: Le vite di donne coraggiose e influenti del 20° secolo: Kamala Harris, Madre Teresa e altre
3. 21 donne fantastiche: Le ispiranti vite di artiste femminili del 20° secolo: Madonna, Yayoi Kusama e altre
4. 21 donne fantastiche: Le vite influenti di audaci donne di scienza del 20° secolo

La serie di libri Leader Mondiali.

Benvenuti nella serie di libri sui leader mondiali. Scopri i protagonisti Reali e i presidenti del Regno Unito, degli Stati Uniti e di altri paesi. Grazie a queste biografie dei Reali, dei Presidenti e dei Capi di Stato, imparerai a conoscere meglio chi sono le persone che hanno avuto il coraggio di guidare una nazione, il tutto correlato da citazioni, curiosità e immagini.

La gente è affascinata dalla storia, dalla politica e da coloro che l'hanno plasmata. Questi libri presentano nuove prospettive sulla vita di tali personaggi importanti. Questa serie è perfetta per chiunque voglia saperne di più sui grandi leader del nostro mondo: giovani lettori ambiziosi e adulti che amano leggere di persone interessanti.

Titoli disponibili:

1. Gli 11 reali britannici: La biografia della famiglia Windsor: la regina Elisabetta II e il principe Filippo, Harry e Meghan e altri
2. I 46 presidenti americani: Le loro storie, imprese e lasciti: da George Washington a Joe Biden
3. I 46 presidenti americani: Le loro storie, imprese e lasciti - Edizione estesa

La serie di libri Mitologia accattivante.

Benvenuti nella serie di libri Mitologia accattivante. Scopri gli dèi e le dee dell'Egitto e della Grecia, le divinità nordiche e altre creature mitologiche.

Chi sono questi antichi dèi e dee? Cosa sappiamo di loro? Chi erano veramente? Perché la gente li adorava nell'antichità e da dove venivano?

Questi libri presentano nuove prospettive sugli antichi dèi che ispireranno i lettori a considerare il loro posto nella società e a conoscere la storia.

Questi libri di mitologia prendono in considerazione anche fattori influenti come la religione, la letteratura e l'arte in un formato accattivante con foto e illustrazioni suggestive.

Titoli disponibili:

1. Antico Egitto: Una guida alle divinità egizie misteriose: Amon-Ra, Osiride, Anubi, Horus e altre
2. Antica Grecia: Una guida agli dèi, dee, divinità, titani ed eroi greci classici: Zeus, Poseidone, Apollo e altri
3. Antichi racconti norreni: Scopri gli dèi, le dee e i giganti dei vichinghi: Odino, Loki, Thor, Freia e altri

La serie di libri Teoria Semplice.

Benvenuti alla serie di libri Teoria Semplice. Scopri la filosofia, le idee dei filosofi antichi e altre teorie interessanti. Questi libri presentano le biografie e le idee dei filosofi più noti di luoghi chiave come l'antica Grecia e la Cina.

La filosofia è una materia complessa e molte persone fanno fatica a capirne anche solo le basi. Questi libri sono progettati per aiutarti ad imparare di più sulla filosofia e sono unici grazie al loro approccio semplice. Capire a fondo la filosofia non è mai stato così facile o divertente come in questo caso. Inoltre, ogni volume include anche delle domande in modo che tu possa scavare più a fondo nei tuoi pensieri e nelle tue opinioni!

Titoli disponibili:

1. Filosofia greca: Le vite e le idee dei filosofi dell'antica Grecia: Socrate, Platone, Pitagora e altri
2. Etica e morale: Filosofia morale, bioetica, sfide mediche e filosofi correlati

La serie di libri Empowerment dei giovani imprenditori

Benvenuti alla serie di libri dedicati all'Empowerment dei Giovani Imprenditori. Non è mai troppo presto per i giovani ambiziosi per iniziare a far carriera! Che tu sia un giovane dalla mentalità imprenditoriale che sta cercando di costruire il proprio impero, o un aspirante imprenditore che sta iniziando a risalire la strada lunga e tortuosa, questi libri ti ispireranno con le storie di imprenditori di successo.

Scopri le loro vite, i loro fallimenti e successi che ti faranno venire voglia di prendere il controllo della tua vita invece di viverla passivamente!

Titoli disponibili:

1. 21 Imprenditori di successo: Le vite di importanti personaggi influenti del 20° secolo: Elon Musk, Steve Jobs e altri
2. 21 Imprenditori rivoluzionari: Le vite di incredibili uomini d'affari del 19° secolo: Henry Ford, Thomas Edison e altri

La serie di libri Storia facile.

Benvenuto nella serie di libri Storia facile. Esplora vari soggetti storici dall'età della pietra ai tempi moderni, più le idee e le persone influenti che hanno vissuto nel corso dei secoli.

Questi libri sono un ottimo modo per farvi appassionare alla storia. Le persone sono spesso scoraggiate da libri di testo pesanti e noiosi, ma amano le storie delle persone comuni che hanno fatto la differenza nel mondo. Questi volumi ti daranno l'opportunità di scoprire le loro storie imparando importanti informazioni storiche.

Titoli disponibili:

1. La prima guerra mondiale: La prima guerra mondiale, le sue grandi battaglie, le persone e le forze coinvolte
2. La Seconda Guerra Mondiale: La storia della seconda guerra mondiale, Hitler, Mussolini, Churchill e altri protagonisti coinvolti
3. L'Olocausto: I nazisti, l'ascesa dell'antisemitismo, la Notte dei cristalli e i campi di concentramento di Auschwitz e Bergen-Belsen
4. La rivoluzione francese: L'Ancien régime, Napoleone Bonaparte e le guerre rivoluzionarie francesi, napoleoniche e della Vandea

I nostri libri sono disponibili in tutti i principali rivenditori di libri online. Guarda i nostri pacchetti di libri digitali qui:

https://payhip.com/studentPressBooksIT

Conclusione

Speriamo che ti sia piaciuta questa raccolta con le storie di 21 donne influenti del 20° secolo. Dopo aver letto di queste donne, siamo sicuri che ti sentirai un po' più ispirato/a.

Da Benazir Bhutto a Kamala Harris e Serena Williams, qui c'è qualcosa per tutti, che tu voglia sentirti più determinata/o o essere tu stessa/o fonte d'ispirazione per altri. Vai avanti e dai un'occhiata alle frasi famose che queste donne hanno detto!

Sono persone senza paura che hanno sfidato i pronostici e realizzato grandi cose nella loro vita, dimostrando che ogni donna può ispirare altre donne a seguire l'esempio con impegno e determinazione. Queste donne hanno fatto la storia rompendo le barriere prima che fosse accettabile.

Assicurati di trovare il tempo per un'altra lettura e fatti ispirare di nuovo!

Hai letto questa lettura educativa? Cosa ne pensi? Faccelo sapere con una bella recensione del libro!

Ci piacerebbe molto, quindi assicurati di scriverne una!

www.ingramcontent.com/pod-product-compliance
Lightning Source LLC
Chambersburg PA
CBHW061249140726
47998CB00006B/2155